국제학교, 20억

국제학교, 20억

ⓒ 임준희, 2025

초판 1쇄 발행 2025년 12월 13일

지은이	임준희
펴낸이	이기봉
편집	좋은땅 편집팀
펴낸곳	도서출판 좋은땅
주소	서울특별시 마포구 양화로12길 26 지월드빌딩 (서교동 395-7)
전화	02)374-8616~7
팩스	02)374-8614
이메일	gworldbook@naver.com
홈페이지	www.g-world.co.kr

ISBN 979-11-388-5093-3 (03370)

- 가격은 뒤표지에 있습니다.
- 이 책은 저작권법에 의하여 보호를 받는 저작물이므로 무단 전재와 복제를 금합니다.
- 파본은 구입하신 서점에서 교환해 드립니다.

쉽게 해외 의대·치대·약대 가는 지름길

국제학교, 20억

임준희 저

"평범한 아이도 미국 의사가 될 수 있다"
구독자 2만명 유튜버, 임준희 대표가 얘기하는 국제학교 진실!

- 대한민국 상위 1%가 선택하는 국제학교 왜?
- 쉽고 스트레스 없이 해외 의대 직행하는 법

좋은땅

목차

 ## 1장 국제학교 20억

- 008 국제학교는 누구에게 필요한가
- 011 20억 계산서
- 014 국제학교, 물고기 잡는 법을 배운다

 ## 2장 국제학교 로드맵

- 018 The Goal: 우리 아이의 최종 목적지
- 020 아이에게 맞는 로드맵 짜기
- 023 국제학교 문과 학생 vs STEM 학생 로드맵 비교
- 025 목표에 따른 국제학교 선택
- 028 진로별 추천 국제학교
- 030 실패하는 국제학교 선택

3장 국제학교 학년별 커리큘럼

- 038 　국제학교 커리큘럼 이해하기
- 040 　국제학교 선택 - IB or AP
- 043 　국제학교 엘리멘터리(G1~G5)
- 046 　국제학교 미들스쿨(G6~G8)
- 049 　국제학교 하이스쿨(G9~G12)
- 054 　국제학교, 그리고 대치동을 활용하라

4장 전공별 로드맵 설계

- 060 　대학 진학과 취업의 연계 구조
- 062 　미국 공대 로드맵 - (1) 학교 수업 편
- 067 　미국 공대 로드맵 - (2) 과외 활동 편
- 072 　미국 치대 로드맵 - (1) 학교 수업 편
- 079 　미국 치대 로드맵 - (2) 과외 활동 편
- 085 　비즈니스 전공 로드맵 - (1) 학교 수업 편
- 090 　비즈니스 전공 로드맵 - (2) 과외 활동 편

5장 국제학교 입학 전략

- 100 권장 입학 시기
- 103 입학시험 준비 - 영어English
- 107 입학시험 준비 - 수학Math
- 111 SSAT 시험
- 115 비인가 국제학교는?

6장 내가 국제학교를 추천하는 이유

- 126 정답이 필요 없는 시대
- 129 에필로그

부록

- 132 경시대회

  Psychology Competitions

  Artistic, Writing, and Philosophy Competitions

  Competitions and Prizes: 의대 & 바이오, Chem 관련

- 142 학생 후기

  Branksome Hall Asia

  Chadwick International

1장

국제학교 20억

국제학교는 누구에게 필요한가

"20억, 돈은 가능합니다. 그런데 왜 국제학교를 반대하세요?"

이 질문을 받을 때마다 나는 웃음이 나온다. 얼마 전 언론사와 한 인터뷰를 강남·서초 학부모들이 많이 읽은 모양이다. 기사 댓글은 뜨거웠다. 돈 이야기가 나와서인지 후폭풍도 거셌다.

그런데 *"국제학교를 반대한다."*는 말은 틀렸다. 나는 다만 아무나 보내는 걸 반대할 뿐이다. 국제학교는 겉보기엔 멋지다. 외국인 교사, 영어로 진행되는 수업, 세계적인 커리큘럼. 부모라면 아이가 더 넓은 세상으로 뻗어 나갈 것처럼 느낄 수 있다. 그러나 현실은 다르다.

한국 대학은 학생부 성적만으로 합격할 수 있다. 반면 미국 대학은 운동, 봉사, 리더십, 온갖 엑스트라커리큘러를 요구한다. 대치동에서 성실하게 학원 다니며 만든 내신 성적이 국제학교에서도 통할 거라 믿는 건 오산이다. 국제학교에는 훨씬 더 복잡하고 비싼 입시 로드맵이 기다린다.

나는 실제로 봤다. 대치동에서 내신 잘 받던 학생이 송도의 유명 국제학교로 옮겼다가, 적응을 못 하고 성적이 무너진 경우를. 아이에게 맞지 않는 길을 택했기 때문이다. 국제학교가 진짜 필요한 학생은 따로 있다.

- 한국식 교육에 답답함을 느끼는 학생
- 영어가 경쟁력임을 절실히 아는 학생
- 해외 대학 진학을 분명히 목표로 한 학생
- 예체능 활동을 병행하며 공부도 이어 가고 싶은 학생

이런 학생이라면 국제학교가 답이 될 수 있다. 그러나 아니라면 굳이 옮길 필요가 없다. 한국에서 이미 잘하고 있다면, 그것이 더 안전하고 효율적인 길이다.

국제학교는 마법의 문이 아니다. 아이를 밀어 넣는다고 해서 영어가 저절로 늘고 해외 대학의 길이 열리는 게 아니다. 결국 중요한 건 아이와 학교가 맞아떨어지느냐다.

나는 국제학교를 반대하지 않는다. 다만 부모에게 이렇게 묻고 싶을 뿐이다.

"당신의 아이에게 정말 꼭 필요한 선택입니까?"

그 답을 찾기 위해 많은 학부모가 내게 상담을 요청한다.

20억 계산서

국제학교를 보내려면 얼마가 필요할까?

많은 부모들이 '1년에 몇천만 원' 정도로만 막연히 생각한다. 하지만 실제로 따져 보면 규모가 다르다. 1학년부터 12학년을 마치고, 대학교까지 이어지면 20억이라는 말이 괜히 나온 게 아니다. 비용은 크게 세 가지로 나눌 수 있다.

1) 학비
2) 학원비
3) 과외 활동비

학생에 따라 1)만 드는 경우도 있고, 2)와 3)이 더 크게 나오는 경우도 있다.

예를 들어, 초등학교 3학년 학생이 미국 의대를 목표로 한다면 방과 후 메디컬 관련 개인 과외가 필요하다. "*초등학교 때부터 의대 과외를 받는다고요?*" 이렇게 놀라는 부모도 있다. 하지만 초등학교 때 수학 학원 보내는 걸 당연하게 여기지 않는가? 똑같다. 미국 의대를 준비한다면 Math 선행보다 Biology와 Chemistry를 일찍 시작하는 게 훨씬 중요하다.

우선 학비부터 보자. 국내 국제학교는 연간 2,500만 원에서 4,000만 원 수준이다. 여기에 입학금, 시설 사용료, 급식비, 교재비가 붙는다. 제주 국제학교처럼 기숙사가 있는 경우는 기숙사 비용도 별도다. 다음은 학원비. 초등학생은 연간 3,000만 원, 중학생은 4,000만 원, 고등학생은 5,000만 원이 일반적이다. 이 비용이 학비보다 더 많이 들 때도 있다. 그래서 어떤 국제학교들은 *"우리 학교만 다니면 학원이 필요 없다."*고 강조하기도 한다. 그러나 현실은 다르다. 미국 대학 입시는 학교 성적만으로 해결되지 않는다. 영어 에세이, TOEFL, SAT/ACT, AP 과목 준비는 별도의 지도가 필요하다.

마지막으로 과외 활동비다. 섀도잉 프로그램, 해외 의료 봉사, 과학 올림피아드, 음악·체육 레슨, 등은 컨설팅 회사나 전문 학원 도움 없이는 어렵다. 명문대학을 목표로 한다면 이 비용이 크다. 연간 2,000만 원 이상은 잡아야 한다. 반대로 일반 대학을 목표로 한다면 과외 활동비는 크게 들지 않는다. 정리해 보자. 아이비리그, 의대, 치대를 목표로 하는 초등학생은 연간 8천만 원, 중학생은 연간 9천만 원, 고등학생은 연간 1억 원 이상 필요하다.

G1~G5 엘리멘터리 5년: 최소 4억 원
G6~G8 미들스쿨 3년: 최소 2.7억 원
G9~G12 하이스쿨 4년: 최소 4억 원

합계 10억 원 이상. 여기에 아이비리그 대학 학비, 기숙사비, 생활비까지 더하면 총액은 20억 원을 훌쩍 넘는다.

그래서 나는 국제학교를 준비하는 부모에게 단호하게 말한다.

"학생 한 명당 20억 원이 필요합니다."

국제학교, 물고기 잡는 법을 배운다

돈보다 중요한 건 너무 많다.

건강, 인간관계, 삶의 가치관. 이 모든 건 청소년기에 기초가 다져진다. 그때 운동을 즐긴 학생, 친구들과 마음껏 꿈을 펼친 학생, 삶의 목적에 대해 고민해 본 학생은 어른이 된 뒤에도 행복 지수가 높다. 나이를 먹고 50살이 넘어도 그 차이는 분명하다.

내 주변만 봐도 그렇다. 해외에서 유학한 친구들은 국내에서만 공부한 친구들보다 열정이 식지 않는다. 시야가 넓고, 새로운 도전에 겁이 없다.

반면 초등학교부터 고등학교까지 한국 일반학교만 다닌 학생은 뭘 배우는가? 예전과 크게 달라진 게 없다. 여전히 시험 점수에 갇혀 있다. 아이를 우물 안 개구리로 키우고 싶은가? 사고를 넓히려면 언어의 벽부터 깨야 한다. 언어가 자유로워져야 생각도 자유로워진다.

한국인은 머리가 좋다. 성실하고 근면하다. 게다가 지

금 세계는 한국 문화에 열광하고 있다. K-Pop, K-Drama, K-Food 이런 흐름 속에서 한국인에게는 전에 없던 기회가 열리고 있다. 전 세계 사람들과 어깨를 나란히 하며 비즈니스를 펼칠 수 있는 절호의 기회다. 이 기회를 제대로 잡으려면, 더 넓은 세상을 경험할 필요가 있다.

국제학교는 그 출발점이다. 아이가 국제학교를 다니는 건 단순히 비싼 학비를 치르는 일이 아니다. 돈보다 훨씬 중요한 자산을 물려주는 과정이다. 물고기를 쥐어 주는 게 아니라, 물고기 잡는 법을 가르쳐 주는 것이다.

2장

국제학교 로드맵

The Goal: 우리 아이의 최종 목적지

나는 상담할 때 늘 이런 질문부터 던진다.
"당신 자녀가 50살, 60살, 아니 100살까지 살 때 어떤 일을 하고 있을까요?"

대부분의 부모들은 미처 생각해 본 적이 없다. 하지만 분명한 건 있다. 자녀가 50세 이후 인생을 살아갈 때 부모는 옆에 있어도, 그 삶을 대신 살아 줄 수는 없다는 사실이다. 그렇다면 지금 부모가 할 수 있는 최선은 뭘까? 아이가 그 나이에 행복하게 살 수 있는 기반을 마련해 주는 것이다.

그래서 나는 학생의 집안 환경과 성향을 고려해 적합한 직업을 함께 그려 본다. 지금이 아니라 30년, 40년 뒤에 어떤 일을 하고 있을지를 상상하게 만든다. 어떤 직업은 80살, 90살이 되어도 즐겁게 이어 갈 수 있다. 어릴 때 운동하며 활기차게 산 아이는 나이가 들어도 여전히 열정을 잃지 않을 것이다.

그 다음 나는 현실적인 로드맵을 보여 준다. 그 직업을 위해 어떤 전공과 대학원이 필요한지, 목표 대학에 들어가기 위해 고등학교 때는 어떤 플랜을 세워야 하는지, 중학교 때는 어떤 교과목에 집중해야 하는지, 초등학교 때는 어떤 방과 후 활동이 도움이 되는지를 짚어 준다. 탑다운 방식이다. 최종 목적지를 먼저 정하고, 거꾸로 내려오면서 단계를 설명한다.

내가 강조하고 싶은 건 단순하다.
"우리 아이의 최종 목적지는 50세 이후 행복하게 사는 것"
그게 부모의 진짜 목표이자 의무다.
당신은 어떻게 생각하는가?

아이에게 맞는 로드맵 짜기

한국에서는 명문대 입시 하나만 바라보고 초·중·고 과정을 밟는다. 그러다 보니 국제학교에 다니는 자녀도 자연스럽게 미국 명문대 입학만을 목표로 공부한다. 하지만 미국은 다르다. 대학 이름보다 전공이 더 중요하다. 단순히 '간판 좋은 대학'만 보고 지원하는 건 위험하다.

가장 큰 차이는 취업 문화다. 미국은 공개채용이 거의 없다. 대부분 인턴십을 통해 사람을 뽑는다. 그리고 인턴십 자리는 대개 그 지역 대학생들에게 돌아간다. 그래서 동부 아이비리그 학생이 미국 전역에서 좋은 일자리를 얻는 경우는 생각보다 많지 않다. 이런 현실은 유학 전문가도 깊이 알기 어렵다. 하물며 국제학교 학부모가 자녀에게 *"앞으로 이렇게 해라."* 하고 길을 안내하기는 더 힘들다.

최근 들어 STEM 전공으로 미국 유학을 준비하는 학생이 늘고 있다. 여전히 아이비리그 STEM 전공을 목표로 하는 경우가 많다. 전통적으로 아이비리그 진학은 문과 계열 학생이 많다. 반면 STEM은 주립대학이 더 강하다. 실제로 U.S.News가 선정한 미국 Top10 공대 가운데 6곳이 주립대학이다.

문과 전공자는 학부만 마쳐도 취업으로 이어질 수 있다. 하지만 STEM 전공은 다르다. 학부만으로는 부족하다. 석사, 박사 과정까지 가야 취업 기회가 제대로 열린다. 이공계에서는 화려한 스펙보다 진짜 실력이 통한다. 한국인 학생에게는 지역도 중요하다. 애리조나, 텍사스, 조지아처럼 한국 기업들이 많은 지역에서 특히 기회가 많다.

문과와 STEM은 준비 과정부터 다르다. 고등학교 때 들어야 할 교과목이 다르고, 방과 후 활동과 엑스트라커리큘러도 다르다. 문과 학생에게는 운동과 사람 관계가 중요한 활동이 도움이 된다. 반대로 STEM 학생에게는 논문, 연구, 특허 같은 실적이 더 중요하다. 두 길은 초등학교 때부터 갈라진다. 시작이 다르다.

국제학교 학부모에게 이런 길은 당연히 낯설다. 그러나

산 밑에서 정상으로 오르려면 이정표가 필요하다. 아이의 로드맵도 마찬가지다. 초기에 정확히 세워야 길을 잃지 않는다. 그래서 나는 늘 말한다. *"국제학교 컨설팅은 초등학교 때부터 시작해야 한다."*

국제학교 문과 학생 vs STEM 학생 로드맵 비교

문과 vs STEM 로드맵 비교

구분	문과 (Humanities/Social Science)	STEM (Science/Technology/Engineering/Math)
목표 대학	아이비리그, 리버럴아츠칼리지 중심	주립대학 강세(예: UC, UIUC, UT Austin, Georgia Tech 등)
대학원 진학	필수 아님. 학부 졸업 후 취업 가능.	학부만으로는 한계. 석·박사 과정 진학 필수적 (통합 6년 과정 진학 후 석사만 마치고 나와도 됨.).
취업 방식	인턴십 + 네트워크 인맥·관계 중요	인턴십 + 연구 성과 실적·기술력 중요
지역 선택	대도시, 금융·정치·문화 중심 (뉴욕, 워싱턴DC 등)	산업 밀집 지역 (한국인추천: 애리조나, 텍사스, 조지아)
고등학교 과목	Literature, History, Economics, Politics	의치약: Bio, Chem 컴퓨터/엔지니어링: Math, Physics, Computer Science

방과 후 활동	토론, 리더십 활동, 봉사, 운동	연구 프로젝트, 논문(Lab), 올림피아드
필요 역량	글쓰기, 말하기, 리더십	문제 해결력, 연구력, 기술적 전문성
부모 전략	인맥·네트워크를 넓히는 기회 제공. ① 초등학교때부터 진심 운동 - 달리기, 수영, 골프 추천 ② 조기유학 추천 - 주니어 보딩스쿨 - 탑보딩스쿨	실력·연구 성과를 뒷받침할 환경 제공. [미국 의대 진로] ① 초등학교 때부터 Bio, Chem 선행 ② Bio, Chem 올림피아드 준비 ※ 의대 진로 시 Math 선행 필요 없음.

목표에 따른 국제학교 선택

부모들은 국제학교 상담에서 늘 묻는다.

"어느 학교가 제일 좋은가요?"

좋은 학교는 따로 없다. 아이의 목표와 맞는 학교가 좋은 학교다.

예를 들어, 의대 진로를 생각한다면 NLCS 제주, BHA, 채드윅을 권한다. 이 학교들은 IB 프로그램으로 운영된다. *"미국 유학을 가는데 AP가 더 낫지 않나요?"* 라는 질문을 자주 받는다. 얼핏 맞는 말 같지만, 미국 의대 진학에는 IB가 더 유리하다. 세인트조지 의대 같은 곳은 IB 디플로마에서 Biology, Chemistry를 HL로 수강한 학생에게 5년 속성과정을 제공한다. 보통 7년이 걸리는데 2년을 줄여 주는 셈이다. AP 과목은 대학에서 단축 혜택이 제공되지 않는다. 실제로 의대들은 AP보다 IB를 더 선호한다.

반대로 컴퓨터사이언스나 엔지니어링을 준비한다면 NLCS 제주는 적합하지 않다. IB는 AP보다 난이도가 높고, 글쓰기 실력이 부족한 학생은 버티기 어렵다. 중3인데 토플 100점이 안 된다면 NLCS 제주를 말린다. 공대 지망생은 수학과 과학에 집중해야 하고, 인문 중심 수업에서 어려움을 겪을 수 있다. 이 경우 세인트존스베리아카데미 같은 학교가 낫다. 1년간 2과목의 과학을 들을 수 있고, 학업 부담이 덜해 방과 후 올림피아드나 과외 준비도 가능하다.

비즈니스나 경제를 준비한다면 엑스트라커리큘러가 풍부한 학교가 필요하다. 토론과 글쓰기가 탄탄해야 하고, 클럽·스포츠·봉사 활동이 잘 운영돼야 한다. 아이비리그와 비즈니스스쿨은 성적만 보지 않는다. 학생의 삶 전체를 본다.

학교에 이런 동아리가 있는지도 확인해야 한다.

- Economics/Business Society
- Investment Club
- DECA 등 경영 동아리

물론 이런 활동이 어렵다면 간단한 방법도 있다. 편의점에서 아르바이트를 해 보라. 때로는 교내 활동보다 더 큰 걸 배울 수 있다.

예체능을 준비한다면 브랭섬홀아시아와 세인트존스베리아카데미가 많이 선택된다. 예술대학 진학률이 높고, 시설과 교사진, 프로그램이 더 좋기 때문이다.

비인가 국제학교 중에도 의대, 공대, 비즈니스, 예술 진학에 맞는 길을 제시하는 곳들이 있다. 중요한 건 하나다.

국제학교의 선택은 아이의 목표와 학교가 제공하는 길이 일치하느냐에 달려 있다.

"우리 아이의 목표와 맞는가."

이 질문 하나면 충분하다.

진로별 추천 국제학교

진로	추천 국제학교	특징/이유
의대· 치대· 약대 (의치약)	NLCS 제주 Branksome Hall Asia Chadwick TCIS(외국인학교) 서울 일부 미인가 국제학교	IB 과정 운영. Bio·Chem HL 수강 시 의대 진학 유리. 일부 해외 의대(예: 세인트조지)에서 학년을 단축시켜 줌.
공대· 컴퓨터 사이언스 (STEM)	St. Johnsbury Academy 서울 일부 미인가 국제학교	AP 과목 선택 폭 넓음. 과학 과목 다중 수강 가능. 학업 부담이 IB보다 덜해 방과 후 연구·올림피아드 준비 용이.
비즈니스· 경제	KIS Chadwick 서울 일부 미인가 국제학교	토론·글쓰기 수업 강화. 클럽 활동·봉사·리더십 프로그램 풍부. Investment Club, DECA 등 비즈니스 동아리 운영 여부 확인 필요.

| 예체능
(음악·미술·스포츠) | Branksome Hall Asia
St. Johnsbury Academy
Chadwick
서울 일부 미인가 국제학교 | 예술대학 진학률 높음. 전문 교사진·예술 시설·공연 및 전시 기회 제공. 학생 작품 포트폴리오 관리 지원. |

※ TCIS는 2025년 8월부터 연구개발 특구육성에 관한 특별법의 개정에 따른 조례 제정으로, TCIS 입학에 내국인의 외국거주기간을 별도로 요구하지 않게 되었다. 따라서 해외 거주 경험이 없는 한국인 학생도 지원 가능하다.

실패하는 국제학교 선택

1. 잘못 끼운 단추 - 초등학교 선택

"아이와 맞지 않은 것 같아 옮기려고요."

국제학교 학부모들이 자주 하는 말이다. 제주 국제학교처럼 여러 학교가 모여 있는 곳은 전학 장벽이 낮다. 실제로 KIS 제주가 좋은 실적을 내자 다른 학교 학생들이 대거 전학 오기도 했다. 하지만 이듬해 성과가 기대에 못 미치자 또 실망한다. 이처럼 중·고등 과정은 대학 진학 실적에 따라 요동친다.

반면 초등과정은 옮기는 경우가 적다. 실적이라는 기준이 없고 비교할 지표가 없기 때문이다. 그러나 전문가의 눈에는 다르다. 커리큘럼을 봐야 한다. 한 주간 교과별 수업 시수를 확인해 보라. English는 400분 이상인지, Math는 260분 이상인지, 혹은 Art 수업이 과도하게 많은 건 아닌지 따져 봐야 한다.

아래는 미국 최상위권 사립학교인 BASIS Independent

School의 1학년 주간 교과 시수 예시다.

English/Social	425분
Math/Science	425분
PE	200분
Spanish	200분
Art	195분
Engineering& Technology	65분
융합학습	65분

이 기준과 자녀가 다니는 학교 시간표를 비교해 보라. 배우는 과정이 어느 한쪽으로 치우쳐 있다면 바로 옮기는 게 현명하다. 국제학교 교육의 절반은 초등에서 끝난다. 이때 기초가 잡히지 않으면, 중·고등 과정에서 버티기 어렵다.

초등 교육은 그릇을 만드는 과정이다. 그릇이 넓고 깊게 만들어져야 어떤 음식도 담을 수 있다. 작은 그릇은 아무리 담아도 넘친다. 그래서 나는 늘 말한다. 국제학교 선택에서 가장 중요한 건 초등과정이다. 이를 무시하거나 친구 관계만 보고 타이밍을 놓친다면, 그 순간 이미 실패한 것이다.

2. 학교만 믿는 착각

한국 일반학교와 국제학교는 다르다. 그런데도 *"학교가 다 알아서 해 줄 거다."* 라고 믿는 부모들이 있다. 이런 믿음을 가진 분들은 실패할 가능성이 높다. 국제학교 설명회에서 들은 말만 믿고 큰 기대를 안고 입학하는 경우가 많다. 하지만 기대는 버려야 한다. 한국 일반고처럼 *"학교 내신과 활동만으로 대학에 간다."* 는 식으로 접근하면 큰 착각이다. 미국 대학은 GPA와 과외 활동을 함께 본다. 이 두 가지는 학교 안에서만 채워도 되지만, 학교 밖에서 해도 상관없다. 결국 대학은 어디서 했느냐가 아니라 무엇을 했느냐를 평가한다.

문제는 국제학교가 이 사실을 명확히 알려 주지 않는다는 점이다. 오히려 *"학교 밖에서 한 건 인정 안 된다."* 는 식으로 말해 학부모를 혼란스럽게 만든다. 예를 들어, KIS 제주 9학년에 다니던 학생이 청담 엘유학원에서 AP Human Geography와 AP US Government & Politics를 이수하면,

학교는 성적표에 반영하지 않는다. 그러나 미국 대학은 다 인정한다. 미국 온라인스쿨에서 성적표를 학생이 지원한 대학에 직접 보내 GPA에 포함시키기 때문이다. 이 학생은 같은 학년 또래보다 더 높은 수준의 학습을 했다고 인정받고, 지원 대학에서는 다시 계산된 높은 GPA를 받는다.

이건 대학 입시에만 해당되는 얘기가 아니다. 국제학교에서 보딩스쿨로 옮길 계획이라면, 온라인스쿨이나 홈스쿨로 미리 학점을 만들어 두는 것이 좋다. 제주나 송도의 국제학교는 한국 교육청 기준을 따라야 해서 외부 학점을 성적표에 올려 줄 수 없다. 그래서 학교 카운슬러 말만 믿다가는 좋은 기회를 놓칠 수 있다.

상위 10% 학생들은 어떤 경우든 미국 U.S.News 기준 20위권 대학에 진학한다. 하지만 나머지 90%는 부모가 얼마나 현실을 알고 있느냐에 따라 결과가 달라진다. 그래서 나는 말한다. 국제학교에서는 학교보다 부모가 더 공부해야 한다. 아이가 어릴수록, 외부 전문가의 컨설팅을 받는 것이 꼭 필요하다.

3. 잘못된 커리큘럼 선택

미국 시민권이 있는 한 학생이 NLCS 제주에 다니고 있었다. 부모는 대수롭지 않게 생각했지만, 결과는 달랐다. 결국 이 학생은 미국 보딩스쿨로 전학을 준비하며 내게 찾아왔다. 이유를 물었다.

"선생님들이 영국 출신이 많아서인지 수업이 영국 중심이에요. 저는 미국 대학을 목표로 해서 조기유학을 결정했습니다."

누가 학생을 가르치느냐는 매우 중요하다. 교사의 국적과 배경에 따라 문학, 역사, 과학 수업의 분위기와 관점이 달라진다. 국제학교는 교과서만으로 수업하지 않는다. 교사가 가진 자료로 수업하는 경우가 많다. 그래서 어떤 학기에 무엇을 배우게 될지 예측하기 어렵다.

따라서 미국 대학 진학을 목표로 한다면, 미국인 교사가 많고 미국 커리큘럼을 운영하는 학교에 가는 것이 유리하다. 그래야 미국 중·고등학교에서 사용하는 자료와 수업 방식을 경험할 수 있다. 국제학교를 보내는 이유가 현지 학생들과 비슷한 교육 환경을 경험하게 하려는 것이라면, 커리큘럼 선택은 결정적이다.

특히 초등 과정은 아이가 꿈을 만들고 사고를 넓혀 가는 시기다. 이때 어떤 교사가 어떤 방식으로 가르치느냐가 아이의 미래를 바꾼다. 커리큘럼과 교사의 국적, 반드시 확인해야 한다.

4. 돈 계산 없이 선택

국제학교는 1년에 3천만~5천만 원 이상이 든다. 여기에 학원비와 과외 활동비까지 합치면 연간 1억 가까이 된다. 그런데 *"우리 형편에 조금 무리하면 되겠지."* 하고 시작했다가 중도에 포기하는 경우가 적지 않다. 아이는 아이대로 상처를 받는다.

프리킨더부터 대학까지는 20년이다. 학년이 올라갈수록 학비, 학원비, 과외 활동비는 더 커진다. 20년 동안 들어가는 비용은 약 20억 원이다. 나는 학부모에게 종종 이렇게 말한다. *"같은 돈이면 아이에게 강남 오피스텔 하나 사서 물려줄 수도 있습니다."*

물론 비용이 크게 문제되지 않는 집도 있다. 하지만 부담이 된다면 전략이 필요하다. 언제, 어디서, 몇 학년부터 시작하느냐에 따라 20억 원이 아니라 5억 원에도 끝낼 수 있다. 짧게 한다고 불리한 것도 아니다. 오히려 국제학교 9학년 상위권 학생 중에는 한국 중학교에서 넘어온 경우가 많다.

그래서 중요한 건 재정 계획이다. 아이가 감당해야 할 길이기에, 어릴 때 상담을 받고 로드맵을 세워 두는 것이 필요하다. 나는 상담할 때 항상 이 질문부터 한다.

"비용은 괜찮으신가요?"

물론 불편해할까 걱정된다. 하지만 이것부터 짚지 않으면 모든 계획은 무의미하다. 국제학교는 돈보다 중요한 것을 배우는 곳이다. 그러나 돈 계산을 빼놓는 순간, 그 선택은 결국 실패로 끝난다.

3장

국제학교 학년별 커리큘럼

국제학교 커리큘럼 이해하기

국제학교를 고를 때 가장 먼저 봐야 할 것은 학교의 이름이 아니라 커리큘럼이다. 대학 진학 결과보다 훨씬 중요하다. 학교에서 어떤 과정을 배우느냐가 아이의 성장 방향을 결정하기 때문이다. 국제학교의 커리큘럼은 크게 두 가지, AP(Advanced Placement) 와 IB(International Baccalaureate) 로 나뉜다. AP는 실용적이고 과목 선택의 폭이 넓다.

IB는 사고력과 글쓰기를 중심으로 깊게 파고드는 과정이다. 이 차이를 모르면 국제학교를 잘못 고르기 쉽다.

국내 학부모들은 대체로 AP 과정을 선호한다. 아무래도 미국식 커리큘럼이 익숙하고, 미국 대학 진학을 염두에 두기 때문이다. 학교를 선택할 때는 반드시 입학 예정 학년의 커리큘럼 구성을 확인해야 한다.

미국식 커리큘럼의 핵심은 Core 과목이다. English, Math, Science, Social Studies, Language. 이 다섯 과목이 중심이다. 각 과목에 얼마나 많은 시간이 배정되어 있는지를 꼭 살펴보라. 한국 학생이라면 English는 주 400분 이상, Math

는 주 300분 이상이 이상적이다. 반대로 Art 수업이 주 300분을 넘는다면, 그 학교는 예술 중심의 방향을 가진 곳일 가능성이 높다.

국제학교 선택 - IB or AP

국제학교를 상담할 때 부모들이 가장 자주 묻는 질문이 있다.

"*우리 아이는 IB 학교가 좋을까요, AP 학교가 좋을까요?*"

많은 학부모들은 IB(International Baccalaureate)를 영국식, AP(Advanced Placement)를 미국식으로 나눈다. 틀린 말은 아니다. 영국계 국제학교들이 아시아 지역에 진출하면서 IB 디플로마 과정을 도입했기 때문이다. 하지만 IB의 뿌리는 영국이 아니라 1968년 스위스 제네바다. 당시 유럽 외교관과 국제기구 직원 자녀들의 교육 불균형을 해결하기 위해, 국가에 상관없이 통용되는 통합 교육과정으로 만들어졌다. 암기보다 사고력과 세계 시민의식을 중시하며, 지금은 전 세계 160개국 이상에서 운영되고 있다. 학교 입장에서도 IB는 운영이 쉽다. 교사 채용과 수업 관리가 표준화되어 있기 때문이다.

반면 AP는 1955년 미국 대학위원회(College Board)가 만든 대학 선이수 프로그램이다. 고등학생이 대학 수준의 과목을 미리 공부하고, 시험으로 학점을 인정받는 제도다. 처음엔 극소수 우수학생을 위한 프로그램이었지만, 지금은 전 세계 고등학생들이 활용한다. 최근엔 AP 이상의 심화 과정을 운영하는 학교도 생겼다. 이 두 프로그램의 차이는 단순한 커리큘럼의 차원이 아니다. 학습 철학 자체가 다르다.

AP는 '실용적'이다. 학생이 원하는 과목을 골라 듣고, 대학 학점으로 인정받는다. 다니는 학교에서 개설되지 않은 과목은 온라인으로 수강할 수도 있다. 이런 유연함이 바로 미국식 사고방식이다. 나는 AP 과정을 공대·컴퓨터사이언스·수학 전공을 준비하는 학생들에게 추천한다. 특히 수학과 물리 분야에서 AP 과목 구성이 다양해, 공대 진학을 준비하는 학생에게 적합하다.

IB는 '사고 중심'이다. 단순한 지식보다 글쓰기, 토론, 논리적 사고를 강조한다. 2년간 6개 과목만을 공부하면서 TOK(비판사고훈련), EE(논문), CAS(봉사활동)을 수행해야 한다. 과목별 깊이 있게 배운다. 그래서 나는 의대·치대·약대 등 메디컬 트랙을 목표로 하는 학생에게 IB를 추천한다. 연구력과 사고력을 함께 키우기 때문이다.

결국 어떤 프로그램이 더 낫다는 건 없다.
학생의 진로가 답이다.
문제는 대부분의 학생이 아직 진로를 결정하지 않았다는 것이다. 그래서 부모는 커리큘럼을 고를 때, 지금의 성향보다 앞으로 어떤 방향으로 성장할 수 있을지를 기준으로 판단해야 한다. 결국 부모는 학생의 미래 직업을 예측해야 한다.

국제학교 엘리멘터리(G1~G5)

요즘 '7세 고시'라 부르는 현상이 있다. 유치원생이 영어 학원 입학시험을 준비하는 풍경이다. 아이러니하게도 이 아이들의 목표는 국제학교가 아니라 한국 의대다. 대부분 초등 4학년까지 영어를 끝내고 수학으로 넘어간다. 어릴 때 영어를 배우는 이유가 영어를 잘하기 위해서가 아니라, 수학 몰입을 빨리 시작하기 위해서다.

국제학교의 엘리멘터리 과정은 이런 사교육과는 다르다. 이 시기는 '공부'보다 배우는 방법을 배우는 시기다. 이때 형성된 학습 태도와 언어 감각이 이후 모든 학년에 영향을 준다. 부모는 아이가 흥미를 느끼는 주제, 나중에 진로로 연결될 가능성이 있는 분야를 일찍부터 노출시키면 좋다.

나는 이 시기에 세 가지만 권한다. English, Math, Biology. 나머지는 부차적이다. Art 수업이 창의력을 키운다는 믿음도 과장된 면이 있다. 진짜 창의력은 타고난다.

세 과목 중에서도 핵심은 English다. 국제학교의 모든 수업은 영어로 진행된다. 영어를 따로 배우는 게 아니라, 영어로 배우는 환경이다. 그래서 입학 전부터 영어 노출이 되어 있어야 한다.

Math 역시 중요하다.
하지만 국제학교에서는 수업 시수가 많지 않다. 부족한 부분은 외부에서 보완하면 된다. 수학은 문제풀이보다 논리와 개념을 가르치는 좋은 튜터를 찾는 게 낫다.

마지막으로 Biology다.
앞으로의 시대는 로봇과 AI의 시대다. 그 시대를 움직이는 언어는 코딩이 아니라 생명과학일 것이다. 어릴 때부터 생명, 환경, 인간에 대한 기초를 이해한 아이는 어떤 길로 가도 강점을 가진다.

엘리멘터리 시기는 멘탈을 세우는 시기이기도 하다. 운동을 통해 자제력과 집중력을 기를 수 있다. 나는 부모들에게 늘 말한다. *"달리기를 시켜라."* 하루 1~2시간의 꾸준한 신체활동이면 충분하다. 공부와 운동의 균형이 잡혀야 아이는 스스로를 통제하는 법을 배운다.

마지막으로 이 시기는 자립심을 배우는 시기다. 부모가 답을 주면 아이는 생각을 멈춘다. 스스로 문제를 해결해 보는 경험이 아이를 성장시킨다.

국제학교 미들스쿨(G6~G8)

국제학교 미들스쿨은 사춘기에 접어든 학생들이 자기 세계를 만들어 가기 시작하는 시기다.

이때 아이들은 사회적 이슈에 관심을 가지며, 스스로 질문을 던진다. 학교의 커리큘럼도 엘리멘터리보다 체계적으로 바뀌어, 교과별 전문 교사가 수업을 맡는다.

국내 국제학교의 인문·예술 교육 수준은 높다. 교사의 학력도 세계 어디에 내놓아도 손색이 없다. 2025년 기준 NLCS 제주에는 옥스퍼드 등 영국 명문대 출신 교사가 다수다. 국내 학교로서는 드문 일이다.

하지만 과학 교육은 여전히 시대의 속도를 따라가지 못한다. 커리큘럼에도 손볼 부분이 많다. 과학교육에 대해 대부분의 학교들은 아래와 같은 구조를 유지한다.

- G6: Earth Science
- G7: Life Science

- G8: Physical Science

이 방식은 수십 년 전 미국 공립학교의 표준이다.

문제는 이미 미국 명문 사립학교들이 AI 시대에 맞게 과학 커리큘럼을 진보시켰다는 점이다. 예를 들어 실리콘밸리의 *The Harker School*에서는,

- G6: Earth Science
- G7: Chemistry & Physics
- G8: Biology(with emphasis on Human Anatomy & Physiology)를 가르친다.

또 다른 사례인 *BASIS Independent Silicon Valley*는 G6~G8 전 학년에 걸쳐 Biology, Chemistry, Physics를 통합적으로 교육한다. 그리고 하이스쿨에 올라가면 곧바로 AP나 Honors 수준의 심화 과정을 수강하도록 설계되어 있다.

국내 국제학교도 언젠가는 이 방향으로 가야 한다. 하지

만 지금은 부모가 먼저 이해하고 보완해야 한다. 학교가 따라가지 못하는 부분을 외부 프로그램이나 전문 튜터링으로 메워야 한다.

앞서 말했듯 미들스쿨에서 가장 중요한 과목은 세 가지다. English, Math, Science. 이 세 과목만 제대로 해도 된다. 공대·물리 쪽은 Math와 Physics에, 의대·바이오 쪽은 Biology와 Chemistry에 더 비중을 두면 된다.

English는 여전히 중심 과목이다. 이 시기부터 글쓰기(Writing)가 본격화된다. 리서치 페이퍼와 프레젠테이션을 통해 논리적 사고력과 표현력을 길러야 한다. 의외로 영어 실력을 점검하지 않는 학생이 많다. 주니어 토플 870점 미만이라면, 체계적인 영어 학습을 다시 시작해야 한다.

미들스쿨은 진로 방향을 설정하기에 가장 좋은 시기다. 지금 선택한 길이 평생의 진로일 필요는 없다. 하지만 방향이 있는 학생은 흔들리지 않는다. 명확한 목표가 있으면 시간을 낭비하지 않고, 과외 활동도 훨씬 효율적으로 설계할 수 있다.

국제학교 하이스쿨(G9~G12)

'진짜 공부'가 시작되는 시기다.

미들스쿨까지의 학습이 기초였다면, 이 시기는 자신의 진로를 구체화하고 대학 입시를 준비하는 단계다. 학생의 성향과 목표가 뚜렷해지고, 스스로 공부의 방향을 정해야 한다.

학교 커리큘럼은 대부분 AP(Advanced Placement) 혹은 IB(International Baccalaureate)로 나뉜다. IB는 사고력과 글쓰기 중심의 심화형 과정이고, AP는 과목 선택의 폭이 넓은 실용형이다. 의대·치대·약대를 목표로 하는 학생은 IB과정을 선택, 공대·컴퓨터사이언스·비즈니스 전공을 목표로 하는 학생은 AP선택이 유리하다.

학교의 이름보다 어떤 커리큘럼을 선택하느냐가 더 중요하다.

1. GPA 관리와 과목 선택

하이스쿨 입시 경쟁은 결국 GPA 관리로 시작된다. 미국 대학은 내신 성적뿐 아니라 과목의 수준과 도전성을 함께 본다. 단순히 높은 점수를 받는 것보다, 어떤 과목에서 도전했는가 가 평가의 핵심이다.

전공	추천 과목
공대 지망생	AP Physics C, AP Calculus BC, AP Computer Science
의·치대 지망생	IB Biology HL, Chemistry HL, Anatomy & Physiology
비즈니스 지망생	AP Economics, AP Calculus, AP English Language

하이스쿨에서는 학년이 올라갈수록 난이도가 급격히 높아진다. 학생 스스로 공부의 우선순위와 시간 관리 능력을 키워야 한다. 특히 G11~G12는 GPA·SAT·과외 활동이 동시에 몰리는 시기이므로 균형 잡힌 일정 관리가 필요하다.

2. AP·IB 트랙의 차이 이해하기

구분	AP 과정	IB 과정
성격	대학 선이수형, 과목 단위 선택	2년 연속 종합형 프로그램
평가 방식	과목별 시험 중심	에세이·논문·프레젠테이션 포함 종합평가
유리 전공	공대·비즈니스·경제	의대·치대·인문·정치학
필수 역량	수학·논리적 사고	글쓰기·비판적 사고

AP는 '깊이보다는 폭'에 강하고, IB는 '폭보다는 깊이'에 강하다. 어떤 과정이든, 학생이 선택한 커리큘럼을 끝까지 밀고 가는 집중력이 가장 중요하다.

하이스쿨 단계에서 영어는 단순한 언어 과목이 아니라, 모든 과목의 기초 도구이자 사고의 언어다.

특히 G10 이후에는 Essay, Research Paper, Presentation이 비중 있게 다뤄진다. IB의 Extended Essay나 AP Research 과목은 학생이 스스로 주제를 정해 탐구하고 글로 표현하는 능력을 평가한다.

"하이스쿨의 영어는 말하기가 아니라, 생각하기의 언어다."

3. 과외 활동(Extracurricular Activities)

하이스쿨 시기에는 학업 외 활동이 입시의 핵심이 된다. 봉사활동, 인턴십, 리서치, 경시대회, 창업, 리더십 등 학생이 어떤 활동을 통해 자신의 전공 관심을 증명했는가가 중요하다.

공대·의대·비즈니스 등 전공에 따라 방향이 다르지만, 공통점은 활동의 깊이와 일관성이다. 단순한 참여가 아니라, *"이 경험을 통해 무엇을 배웠는가?"* 를 말할 수 있어야 한다.

미들스쿨이 방향을 찾는 시기였다면, 하이스쿨은 그 방향을 결과로 바꾸는 시기다. G9~G10은 기초를 다지고, G11~G12는 대학 입시용 포트폴리오를 완성하는 단계다. 이 시기 학생들은 GPA·AP·SAT·에세이를 동시에 준비하며, 대학에서 요구하는 학문적 자기주도성을 보여 줘야 한다. 부모는 *"학교가 알아서 해 주겠지."* 라는 생각을 버리고, 아이의 학업과 과외 활동을 로드맵 형태로 직접 관리해야 한다.

국제학교, 그리고 대치동을 활용하라

국내 국제학교들의 커리큘럼은 의외로 고전적이다.

나는 미국 학교들의 커리큘럼을 보는 일을 한다. 그래서 자연스럽게 한국 국제학교와 비교하게 된다. 처음엔 *"왜 아직도 옛날 방식으로 가르치지?"*라는 의문이 들었다. 하지만 시간이 지나 깨달았다. 대한민국에서는 새로운 커리큘럼을 운영할 수 없는 구조라는 사실을.

좋은 커리큘럼을 만들고 운영하려면 세 가지 조건이 필요하다.

첫째, 운영진과 교사진이다. 혁신적인 커리큘럼을 하려면 교사들이 그걸 이해하고 있어야 한다. 나는 개인적으로 1995년 이후 태어난 교사들이 지금 학생들과 잘 맞는다고 본다. 이들은 초등학교 때부터 스마트폰을 접한 세대라 감각이 다르다.

둘째, 지리적 위치다. 지금 시대에 산속에서 공부하는 건 바람직하지 않다. 강남에서 1시간 이내에 있는 학교가 낫다. 매일 거리와 뉴스, 사람들과 부딪히며 자라는 학생과 그렇지 못한 학생은 분명히 다르다. 이 점은 제주 국제학교의 큰 단점이다.

셋째, 돈이다. 아무리 좋은 뜻으로 학교를 세워도 재정이 뒷받침되지 않으면 우수한 교사를 모을 수 없다. 결국 교육의 질이 떨어진다.

한국에서 이 세 박자가 완벽히 맞는 경우는 드물다. 그래서 국제학교는 여전히 고전적인 방식을 쓴다. 하지만 다행히 한국에는 세계 어디에도 없는 학원가가 있다. 특히 대치동이 그렇다. 미국 교포 자녀들조차 방학 때 대치동에 와서 공부할 정도다. 사교육은 빠른 피드백과 혁신적 시스템을 갖추고 있고, 교사 수준도 높다.

국제학교 학부모라면 이 점을 적극 활용해야 한다. 국제학교에서 잘 갖춰진 인문·예술 커리큘럼에, 대치동의 수학·과학 프로그램을 더한다면 아이에게 균형 잡힌 교육을 제공할 수 있다. 부모가 이 조합을 알고 준비한다면 국제학교 생활은 충분히 성공할 수 있다.

4장

전공별 로드맵 설계

국제학교 하이스쿨 학부모가 가장 먼저 생각해야 할 것은 대학 진학과 취업의 연결이다. 이 둘은 따로 존재하지 않는다. 대학에서 무엇을 배우느냐가 곧 미래의 일자리로 이어진다. 과거처럼 '해외대학 졸업 → 한국 대기업 공채 지원'이라는 공식은 통하지 않는다.

그래서 나는 상담할 때 이렇게 묻는다.

"이 학생은 어디에서, 무엇을 하며 살게 될까요?"

이 질문에 대한 답이 대학과 전공을 정하는 출발점이다.

아직 이 부분에 대해 깊이 생각해 보지 않았다면, 지금부터 하면 된다. 아이비리그를 나왔다고 취업이 보장되지 않는다. 성공의 확률을 높이려면 정확한 로드맵이 필요하다.

직업의 방향이 정해졌다면, 고등학교에서 어떤 과목을 중점적으로 배워야 하는지도 결정해야 한다. 버려야 할 과목과 반드시 챙겨야 할 과목이 있다. 학생 스스로 판단하기엔 정보가 부족하다.

학부모는 아이의 코스를 미리 점검하는 캐디가 되어야

한다. 잔디의 경사와 바람의 방향을 읽어야 공이 멀리 간다. 학생이 한정된 시간 안에 최고의 효율을 낼 수 있도록, 부모가 교과 과정을 이해하고 전략적으로 관리해야 한다.

대학 진학과 취업의 연계 구조

하이스쿨은 대학 입시를 염두에 두고 시작해야 한다. 미국 대학은 G9(Y10) 성적부터 평가한다. 한국처럼 '정시'가 있는 구조가 아니다. 미국 대학은 100% '수시 지원'이다.

학생부 종합전형과 비슷하다. 여기에 일부 명문대는 SAT나 ACT 같은 표준화 시험 점수를 요구한다. 조기 전형(얼리 디시전, 얼리 액션)을 고려한다면 9~11학년 성적이 모두 반영된다.

특히 캘리포니아대(UC)는 10~11학년 성적만 GPA 계산에 포함한다. 또한 성적뿐 아니라 운동, 과외 활동, 봉사, 인턴십 등 학교 밖 경험이 모두 평가 대상이다. 그래서 미국 대학 입시는 복잡하지만, 동시에 다양성을 본다.

대학보다 전공이 더 중요하다
많은 학부모들이 이렇게 묻는다.
"한국에서 SKY를 목표로 했으니, 미국에서는 아이비리그를 목표로 하면 되는 거 아닌가요?"

하지만 미국 대학은 학교 이름보다 전공이 더 중요하다. 전공에 따라 연봉이 크게 달라지기 때문이다. 코넬대학교 취업센터(Cornell Central Career Services)에 따르면, 2024년 졸업생의 평균 초봉은 이렇게 다르다.

- 패션학과(Fashion Design Management): $58,408
- 건축학과(Architecture): $63,401
- 호텔경영학과(Hotel Administration): $82,959
- 컴퓨터사이언스(Computer Science): $123,013

같은 대학이지만 전공에 따라 소득이 두 배 이상 차이 난다. 미국은 공채가 없다. 대부분 인맥을 통해 얻은 인턴십 통해 취업한다. 따라서 단순히 '좋은 대학'보다는 '취업이 가능한 전공'을 택해야 한다.

미국 공대 로드맵 - (1) 학교 수업 편

미국 공대를 목표로 한다면 IB보다는 AP 과정을 운영하는 국제학교가 유리하다. 이유는 단순하다. AP 과정은 수학과 물리의 깊이와 폭을 모두 확보할 수 있기 때문이다.

1. 물리 Physics

Physics는 AP 체계에서 4개의 세부 과목으로 나뉜다.

- AP Physics 1: Algebra-Based
- AP Physics 2: Algebra-Based
- AP Physics C: Mechanics
- AP Physics C: Electricity and Magnetism

공대를 목표로 한다면 이 네 과목을 모두 수강하거나, 적어도 시험까지 치르는 것이 이상적이다. 하지만 대부분의 국제학교는 모든 과목을 개설하지 않는다. 이럴 때는 온라인 AP 과정을 병행하는 것이 좋다. 미국 대학들은 공인 온라인스쿨에서 취득한 AP 학점을 정식으로 인정한다. 3년 전 MIT 입학설명회에서 한 학부모가 이런 질문을 했다.

"공대 진학을 위해 어떤 AP 과학 과목을 들어야 하나요?"

입학사정관의 대답은 명확했다.

"우리는 AP Biology나 AP Chemistry보다 AP Physics를 가장 주목한다."

그만큼 물리 과목의 비중이 크다. 미인가 국제학교 학생들이 유리한 이유도 여기에 있다. 학교의 제약이 적어 AP Physics 네 과목을 모두 응시할 수 있기 때문이다. AP Physics 1을 9학년에 듣기 위해서는 8학년 때 기초 Physics를 마쳐야 한다. 즉, 미들스쿨 단계부터 플랜을 세워야 한다.

추천 High School Science Map

학년	추천 과목
G9	AP Physics 1, Biology
G10	AP Physics 2, Chemistry
G11	AP Physics C: Electricity & Magnetism, AP Environmental Science

| G12 | AP Physics C: Mechanics |

2. 수학 Math

공대 진학의 기본 언어는 수학이다. 하지만 대부분의 국제학교는 난이도를 빠르게 올리지 못한다. 그래서 나는 온라인 하이스쿨(듀얼 인롤먼트, Dual Enrollment)을 적극 권한다. 대표적인 곳이 Stanford Online High School이다. 실시간 수업으로 진행되며, 시차 때문에 새벽에 공부해야 하지만 그만한 가치가 있다.

[추천 Stanford Online High School Math Courses]
Intermediate Algebra/Geometry and Foundations of Proof/Precalculus with Trigonometry/Single-Variable Calculus/Multivariable Calculus/Linear Algebra/Differential Equations/Discrete Mathematics/Statistics and Data Analysis/Data Science

이 과목들은 전통적인 미국 수학 교과와 다르다. 그래서 국제학교 재학생이 온라인스쿨을 병행하더라도 중복 학습이 되지 않는다. 오히려 단계적으로 이수하면 개념이 단단해지고, 대학 수준의 학문으로 자연스럽게 이어진다.

3. 컴퓨터 사이언스 & 엔지니어링

공대 입시에서 Computer Science는 선택이 아니라 필수다. Python, Java, C++ 중 하나는 반드시 익혀야 한다. 다음과 같은 순서로 과목을 설계하면 좋다.

학년	추천 과목
G9	AP Computer Science Principles, Robotics
G10	Engineering & Technology
G11	AP Computer Science A
G12	iOS Mobile App Development

이상적인 플랜이지만, 학생은 슈퍼맨이 아니다. 모든 과목을 완벽히 해내기 어렵다. 그래서 버려야 할 과목과 집중해야 할 과목을 구분해야 한다. 공대 준비생이라면 Social, Art, Language 과목은 최소한으로 줄이고, Math·Physics·Computer Science 중심으로 시간과 에너지를 집중해야 한다.

공대 입시는 단순히 수학 점수의 경쟁이 아니다. 설계력과 실행력의 싸움이다.

미국 공대 로드맵 - (2) 과외 활동 편

공대 입시는 단순히 GPA 싸움이 아니다.

학교 밖에서 무엇을 했는지가 합격을 좌우한다.

매년 9월마다 공대를 준비하는 학생들이 Science Club에 가입했는지 확인하고 있다. 학교 내 활동을 하지 않고 교외 밖 활동만 할 순 없다. 연구(Research), 제작(Maker Project), 수학·코딩 대회는 학교활동을 통해 진행하면 된다. 방학 때 진행하는 대학 캠프는 주니어 때에는 꼭 진행하는 게 좋다. 미국 대학은 책상 앞에서 공부만 한 학생보다, 실험실에서 배운 걸 써 본 학생을 선호한다. 그래서 공대 지망생의 과외 활동은 실전 중심, 프로젝트 중심으로 설계돼야 한다.

1. 과학클럽 활동(Science Club Activities)

공대 입시에서 가장 중요한 건 탐구와 제작 경험이다. 학교 안의 과학클럽은 이를 모두 실현할 수 있는 최고의 공간이다. 연구와 제작을 함께 하는 형태가 이상적이다. 국내 국제학교 학생들이 자주 참여하는 대표적인 활동은 아래와 같다.

- Physics Bowl
- Genius Olympiad
- Breakthrough Junior Challenge
- Garcia Summer Research(Stony Brook Univ.)
- Pioneer Academics/Lumiere/Polygence/Inspirit AI
- Science Olympiad(Scilympiad Platform) - 팀 단위(최대 15명) 참가. 물리·화학·생명·지구과학 등 20여 종목 선택 가능.
- Robotics Team - FIRST Tech Challenge(FTC), VEX Robotics 등 국제대회 참가.

이런 활동의 핵심은 결과가 아니라 과정이다. 입학사정관은 완성도보다 '어떤 문제를 발견하고, 어떻게 해결했는가'를 본다. 실패해도 괜찮다. 실패한 실험에서 배운 점을 설명할 수 있다면, 그게 진짜 연구다.

2. 수학·코딩 실력 증명
(Math & Computing Competitions)

공대의 언어는 수학과 코드다. 그래서 수학·코딩 대회는 자신을 증명하는 훌륭한 무대다.

수학 경시대회
- AMC 10/12(American Mathematics Competitions) - 미국 수학협회 MAA 주관, 전 세계 명문 국제학교가 참가.
- 일정 점수 이상이면 AIME 초청장을 받는다.
- 개별 등록은 한국영재교육평가원(KGSEA)를 통해 가능하다.

코딩 대회
- USACO(미국 정보올림피아드) - 난이도 높지만 인지도도 높다.
- 한국정보올림피아드(KOI), 삼성 주니어 SW 창작대회 - 국내 참가가 가능하며, 실제 제주 국제학교 학생이 이 대회들을 거쳐 하버드대학교Harvard University에 합격한 사례도 있다.

점수보다 중요한 건 참여의 지속성과 논리적 사고의 깊이다.

3. 대학 캠프 참여
   (University Pre-College Programs)

마지막으로 꼭 경험해야 할 것이 대학 여름 캠프다. SAT보다 중요한 게 바로 이런 경험이다. 준비 없이 가면 학점 이수도 어렵지만, 사전 준비를 충분히 하면 정식 학점 취득 + 진로 탐색 두 가지를 모두 얻을 수 있다.

> 추천 프로그램(지원은 12월부터 시작)
> - MIT Beaver Works Summer Institute(BWSI)
> - Research Science Institute(RSI)
> - MIT LaunchX
> - Stanford Pre-Collegiate Summer Institutes(SPCS)
> - Duke Summer Session/Duke TIP
> - Carnegie Mellon AI Scholars
> - Yale Young Global Scholars(YYGS)
> - Johns Hopkins CTY
> - Pioneer Research Program

꼭 모든 활동을 다 해야 하는 건 아니다. 중요한 건 자신의 전공 방향과 맞는 활동을 꾸준히 쌓는 것이다.

내가 미국 미시간대학교$^{\text{University of Michigan-Ann Arbor}}$ 컴퓨터사이

언스에 합격시킨 학생 중엔 이런 활동을 하나도 하지 않고 우리와 온라인스쿨과 외부활동 몇 개를 했었다. 하지만 과외 활동을 열심히 해 본 학생은 대학에 가서 훨씬 빠르게 성장한다. 결국 공대는 입시로 끝나는 곳이 아니다. 배운 것을 실제로 구현하고, 스스로 증명해야 하는 곳이다.

미국 치대 로드맵 - (1) 학교 수업 편

한국과 달리 미국에서는 치대(Doctor of Dental Surgery, DDS)와 약대 진학이 비교적 현실적인 목표다.

고등학교 졸업 후 바로 진학할 수 있는 BS/DDS 통합 과정(7~8년)도 있다.

이 중 가장 유명한 프로그램이 국제학교 학생들도 많이 지원하는 뉴욕대학교(NYU) 속성과정이다. 하지만 선발 인원이 적고 비용 부담이 크기 때문에 나는 추천하지 않는다.

차라리 리버럴아츠컬리지나 주립대학의 Honors Program을 통해 펜실베이니아대, 하버드 등 명문 치대를 목표로 하는 것이 더 전략적이다.

치대 진학은 생각보다 어렵지 않다. 학비가 비싸 미국 학생들은 쉽게 도전하지 않지만, 국제학교 학생들은 고등학교 때부터 계획을 세우고 과목을 잘 이수하면 충분히 가능하다. 문제는 방향이다.

고등학교에서 인문 중심으로 공부하면 대학에 가서 과학적 사고가 부족해 적성에 맞지 않아 중도에 포기하는 경우가 많다. 결국 고등학교 시기의 과목 선택과 학습 습관이 대학 이후의 경쟁력을 좌우한다.

미국은 학교마다 커리큘럼이 다르기 때문에 학교 선택이 곧 진로의 시작이다.

1. 커리큘럼 선택 - AP보다 IB가 유리하다

의치약대를 목표로 한다면 IB 중심 학교가 유리하다.

IB는 고등학교 기간 동안 Biology, Chemistry, Anatomy, Physiology 과목을 지속적으로 심화 학습할 수 있기 때문이다. 특히 IB 디플로마 과정에서 HL(High Level) Biology·Chemistry·Physiology를 이수한 학생은 대학 진학뿐 아니라 입학 후에도 학업 능력에서 앞선다. 다만 이 과목들을 소화하려면 미들스쿨 단계에서 과학 기초가 튼튼해야 한다.

2. 핵심 과목 - Biology, Chemistry

치대 입시의 핵심은 Biology와 Chemistry다. 이 두 과목은 대학의 Pre-Dental 과정에서도 다시 배우는 필수 과목이다. 고등학교 때 미리 기초를 다져두면 대학 이후 훨씬 수월하다.

학년	추천 Science 과목
G9	Honors Biology(or Biotechnology), Chemistry
G10	Human Anatomy & Physiology, AP Psychology
G11	HL Biology, HL Chemistry
G12	HL Biology, HL Chemistry

G8에서 Biology를 이수해야 G9에서 Honors Biology를 들을 수 있다. 실제로 청담 엘유학원에서 미국 홈스쿨로 Biology를 마친 후 9학년에 미국 보딩스쿨로 진학해 Biotechnology를 수강한 학생도 있다.

3. English & Writing

치대는 과학적 능력 못지않게 커뮤니케이션 능력과 윤리적 사고력을 중시한다. 환자 상담, 진료 기록, 연구 논문 등 모든 과정이 글쓰기와 연결되기 때문이다. IB 과정에서는 English A: Language and Literature SL을 추천한다. 또한 IB의 Extended Essay(EE)와 Theory of Knowledge(TOK)는 대학 수준의 영어 사고력과 논리력을 키워 주는 핵심 과목이다.

> Extended Essay(EE)
> - 4,000자 영어 논문 작성
> - 대학식 글쓰기와 연구법을 미리 체득
>
> TOK(Theory of Knowledge, 지식론)
> - 철학적 주제를 영어로 토론하고 에세이로 논증
> - 논리적 사고와 글쓰기 구조를 익히는 과정

G8 단계에서 TOEFL 105점 이상을 받으면 G9 진학 시 큰 언어 장벽 없이 수업을 따라갈 수 있다.

4. 심리학과 해부학(Psychology, Anatomy)

미국 치대 커리큘럼에는 Psychology와 Anatomy & Physiology가 필수다.

Psychology는 환자의 심리를 이해하고 신뢰를 형성하는 데 도움이 된다. 치과 진료의 상당 부분은 환자의 불안과 공포를 완화시키는 대화에서 시작된다. 의사가 환자의 심리상태를 안다는 것은 매우 중요한 일이다.

Anatomy & Physiology는 거의 모든 Pre-Dental 트랙에서 필수 과목이다. 고등학교에서 미리 이 과목을 배우면 대학에서 훨씬 수월하다. 치의학은 단순히 치아만 다루는 학문이 아니다. 두개골, 악골, 턱관절, 신경과 혈관 구조까지 인체 전반을 이해해야 한다. 고등학교에서 기본적인 Anatomy & Physiology를 익혀 두면, 대학의 세부 과목인 Head & Neck Anatomy도 자연스럽게 연결된다.

5. 수학(Math)

한국에서는 의치대 입시에서 수학 비중이 크지만, 미국에서는 Calculus와 Statistics 정도면 충분하다. 다만 수학은 Biology와 Chemistry의 기초 언어이므로 학습의 연속성을 잃지 않는 것이 중요하다.

학년	추천 Math 과목
G9	Honors Geometry
G10	Honors Algebra II
G11	Pre-Calculus, AP Statistics
G12	AP Calculus AB

학교에서 2과목을 동시에 듣기 어렵다면, 한 과목은 온라인스쿨을 통해 이수해도 된다. 미국 대학은 이를 정식 학점으로 인정한다.

6. GPA 관리와 전략

치대는 GPA 경쟁이 매우 치열하다. 합격생의 평균 GPA는 3.8 이상(4.0 만점)이다. 특히 Biology·Chemistry·Math 과목은 반드시 A 이상을 유지해야 한다. 나는 학생들에게 매년 2과목씩 AP 학점을 온라인으로 취득하라고 조언한다. 4년 동안 총 8과목의 AP 학점을 확보하면 대학 진학 시 상위권으로 평가받는다. IB 학생에게도 동일한 전략이 적용된다.

미국 치대 유학은 성공 확률이 가장 높은 진로 중 하나다. 손재주가 뛰어난 한국 학생들은 미국 학생보다 실습 적응력이 빠르다. 그래서 미국에서 안정적으로 정착한 한인 전문직 중 치과의사가 유난히 많은 것도 우연이 아니다.

미국 치대는 입학 자체는 어렵지 않지만, 입학 후 공부량이 많고 과정이 길다. 그래서 무엇보다 중요한 것은 학생 본인이 치의학에 흥미를 갖는 것이다. 우리가 엘리멘터리 단계에서 Biology와 Chemistry를 먼저 가르치는 이유도 같다. 어릴 때부터 과학에 대한 흥미를 깨워 주는 것이 결국 치의학으로 이어지는 첫걸음이기 때문이다.

미국 치대 로드맵 - (2) 과외 활동 편

미국 치대 입시는 단순한 GPA나 시험 점수의 경쟁이 아니다.

'사람을 대하는 직업'에 어울리는 학생인가,

그리고 '실제 의료 현장에서 배운 경험이 있는가?'를 본다.

그래서 치대 지망생의 과외 활동은 실험실보다 현장 중심, 성과보다 책임감과 진정성 중심으로 설계해야 한다.

1. 셰도잉(Shadowing)

치대 입시에서 가장 중요한 활동은 치과 의사 셰도잉(Shadowing)이다. 즉, 실제 치과의사 옆에서 그림자처럼 따라다니면서 환자 진료를 관찰하는 내용이다. 만일 지원자가 이 경험이 없다면 치대 인터뷰에서 *"왜 치과의사가 되고 싶은가?"* 라는 질문에 진정성 있게 답하기 어렵다. 아래는 내가 직접 만들어 필리핀에서 운영하는 치과 셰도잉 프로그램 안내문이다.

Discover Dentistry: Shadowing & Research Immersion
2주간 치의학 셰도잉 및 연구 몰입 프로그램
총 60시간 - 자녀의 미래를 위한 특별한 첫걸음!

프로그램 개요	"Discover Dentistry" 프로그램은 자녀가 미래의 치의학 분야 전문가로 성장할 수 있는 토대를 마련합니다. 이 프로그램은 2주 동안 병원 셰도잉, 치의학 연구, 전문적인 역량 개발을 결합한 체계적인 학습 경험을 제공합니다.
특징	① 다양한 치과 전문 분야 경험 • 일반 치과, 소아치과, 구강외과, 교정과 등 다양한 전문 분야를 직접 관찰하며 실질적인 의료 환경을 체험합니다. ② 연구 몰입 및 실습 기회 • 치과 재료, 연구 설계, 데이터 분석 등 치과 연구의 기본을 배우고 실제 연구 프로젝트에 참여합니다. ③ 미래를 준비하는 역량 개발 • 의사소통 훈련, 문제 해결 워크숍, 그리고 자기소개서 작성법 등 대학 입학 및 치의학 진로 준비에 필수적인 스킬을 배울 수 있습니다.

	④ 전문가 멘토링과 진로 탐색 • 치의학 전문가들과의 만남과 멘토링을 통해 자녀가 진로를 구체화하고 목표를 설정하는 데 도움을 받을 수 있습니다. • 대학교 지원 시 대학병원 교수님이 직접 추천서를 써 줍니다!!
대상	① 대상: 치의학 및 의료 과학에 관심이 있는 고등학생 - 토플 80점 이상(영어로 진행) ② 혜택: 수료증 발급(대입 및 통합 치대 준비 시 활용 가능) ③ 장소: 필리핀 치과병원
지역/장소	필리핀 치과 병원
비용	수속비: 55만 원 프로그램 비용: 250만 원
포함내역	셰도잉 프로그램 비용 숙박&식사
기간	2주
도착	매주 일요일 도착

프로그램 일정	① 1주 차: 치의학 기초와 임상 경험 • 기초 학습: 치과 윤리, 일반 및 소아 치과 진료 관찰. • 실습: 환자 소통, 치아 위생 관리, 소아 환자 관리법. • 연구 개론: 치과 기구와 재료 이해 및 간단한 실습. ② 2주 차: 심화 셰도잉과 연구 프로젝트 • 전문 분야 셰도잉: 구강외과, 보철과, 교정과 관찰. • 심화 실습: 3D 치과 모델, CAD 소프트웨어 실습. • 연구 통합: 연구 설계, 데이터 분석, 최종 발표 준비.

셰도잉은 9학년부터 12학년때까지 꾸준히 하는 것이 좋다. 미국 치과병원에서 하는 것이 좋으나 이를 허용해주는 병원을 찾을 수 없었다. 대한민국에서는 미성년자가 환자를 접촉하는 내용은 의료법 위반 가능성이 있어 어렵다. 그래서 나는 필리핀 병원에서 셰도잉 프로젝트를 진행 중이다. 학생들이 배운 내용들은 포트폴리오 정리해야 한다. 모든 활동은 기록으로 남겨야 한다.

• Shadowing 일지: 참여 치과, 담당 의사, 관찰 내용

- 봉사활동 리포트: 역할·배운 점·느낀 점
- 리서치 프로젝트 요약: 연구 주제·결과·의의

이 자료들이 모여 Personal Statement(자기소개서)의 핵심이 된다. 미국 치대 입시는 '스펙 나열'보다 경험을 통해 배운 이야기를 원한다.

2. ART

예술을 하는 학생들에게 나는 치대를 추천하기도 한다. 치과 의사만큼 미세한 손기술을 요구하는 직업이 없는데 이를 트레이닝하기에 좋은 것이 드로잉/스케치, 도예/조각이기 때문이다. 더욱이 한국인은 어릴 때부터 젓가락을 사용해 와서 서양인들보다 미세 손기술이 발달되어 있다. 치대에서 중요하게 보는 수기능력 Manual Dexterity을 보여줄 수 있는 확실한 내용이며, 미세 드로잉이나 스케치에 대해 포트폴리오로 만들어 제출 시 큰 도움이 된다.

입시를 위한 조언은 아니지만, 치대를 준비하는 학생들

에게 운동의 중요성만큼은 꼭 말하고 싶다. 의대나 치대처럼 학업 기간이 긴 전공일수록 지구력이 필수다. 장기간 엘리트 스포츠를 경험한 학생들은 자기 관리 능력과 꾸준함이 몸에 배어 있다. 8년 이상 이어지는 긴 학업 여정에서 이런 습관은 결정적인 힘이 된다.

가장 권장하는 운동은 수영과 달리기다. 두 운동 모두 폐활량과 집중력을 동시에 길러 준다. 집 근처에 수영장이나 트랙이 있다면, 매일 꾸준히 운동하는 습관을 들이길 바란다. 엘리멘터리 시기라면 엘리트 선수반 등록도 좋다. 그 시기엔 성적보다 기초 체력과 생활 리듬을 만드는 것이 훨씬 중요하기 때문이다.

비즈니스 전공 로드맵 - (1) 학교 수업 편

비즈니스 전공을 준비하는 학생은 미국 전통 보딩스쿨 커리큘럼에서 배워야 한다. 미국 동부의 전통 보딩스쿨 졸업생 상당수는 금융권과 컨설팅 업계로 간다. 그들의 커리큘럼을 보면 과학보다 토론과 글쓰기 중심의 휴머니티 수업이 많다. 운동은 필수이고, 악기 하나쯤은 다룰 줄 아는 게 좋다. 우리가 흔히 알고 있는 아이비리그 진학의 전통적인 방식이 바로 이 모델이다.

1. 커리큘럼 선택 - AP 중심이 유리하다

비즈니스 전공을 목표로 한다면 IB보다 AP 중심 학교가 유리하다. 미국 동부의 보딩스쿨과 명문 사립학교 대부분이 AP 커리큘럼을 운영한다. IB는 철학적 글쓰기에 강하지만, 비즈니스 스쿨은 수학·경제·데이터 분석 능력을 더 본다. 최근에는 Computer Science와 비즈니스를 결합한 전공이 늘고 있다. 따라서 AP Computer Science A, AP Economics, AP Statistics, AP Calculus는 필수 선택이다. 비즈니스 전공의 언어는 수학(Math)이다.

2. 핵심 과목 - Economics, Math, English

비즈니스 전공의 기본은 경제·수학·글쓰기다. 이 세 축이 균형을 이루어야 한다.

학년	추천 과목
G9	Accounting, Honors Algebra II
G10	AP Economics, AP Pre-Calculus, AP English Language
G11	AP Statistics, AP Calculus BC, AP Psychology, AP Seminar
G12	Linear Algebra, AP Research, Business Management or Entrepreneurship

Economics는 시장과 의사결정의 언어를 배우는 출발점이다. Microeconomics은 개인과 기업의 행동을, Macroeconomics은 세계 경제를 다룬다.

Math는 비즈니스의 핵심 언어다. Calculus와 Statistics는 필수이며, Data Science나 Computer Science를 병행하면 경쟁력이 높다.

English는 논리적 글쓰기와 발표 능력을 키워 주는 필수 과목이다. 특히 AP Capstone Diploma Program(AP Seminar, AP Research)은 프레젠테이션·토론·에세이 등 비즈니스 커뮤니케이션 능력을 훈련하기에 가장 좋은 교과다.

Accounting은 대부분 국제학교에서 개설되지 않기 때문에 온라인스쿨을 통해 따로 수강하는 것이 좋다.

3. 사회과목(Social Science)

비즈니스는 사람을 다루는 학문이다. 따라서 심리학·사회학·정치학·미디어 커뮤니케이션 과목을 적극적으로 추천한다. 이 과목들은 '데이터 뒤의 사람'을 이해하는 시각을 키워 준다.

- 추천 과목
  - AP Psychology - 소비자 행동과 마케팅 이해

- AP Human Geography - 인구·도시 구조·소비 패턴 분석
- AP U.S. Government and Politics - 경제·사회 정책의 흐름 이해

4. 수학Math 강화 전략

비즈니스 전공 학생에게 수학은 선택이 아니라 생존 과목이다. 미국 명문 비즈니스 스쿨들은 수학 점수를 직접 평가한다. AP Calculus BC, AP Statistics는 기본이고, 가능하다면 Linear Algebra까지 이수하면 좋다.

제주 KIS는 12학년에 온라인으로 Linear Algebra를 제공한다. 그 외 학교 학생들은 Stanford OHS, Johns Hopkins CTY 같은 온라인스쿨을 이용하면 된다.

일부 학부모는 한국식 수학 교육을 병행하기도 한다. 그것도 괜찮다. 다만 미국 수학과 겹치는 영역만 집중해야 한다. 한국 내신이나 수능 대비식 수학은 오히려 시간 낭비다. 한국의 뛰어난 수학 선생님에게 배우더라도 *"미국 교과 기준에 맞춰 달라."* 고 명확히 말해야 한다.

5. 비즈니스 전공의 현실

비즈니스는 학부에서도 시작할 수 있고, 대학원(MBA)에서 새로 시작할 수도 있다. 부모가 사업가이거나 실제 비즈니스 경험이 있다면 학부부터 바로 시작해도 좋다. 하지만 그렇지 않다면 Biology나 Computer Science 같은 전공으로 기초 역량을 쌓고 MBA에서 비즈니스로 전환하는 게 더 현실적이다. 비즈니스 세계는 공채가 없는 인맥 중심의 구조다.

인턴십과 네트워크가 취업의 핵심이다. 나는 이걸 '인맥 유학'이라 부른다. 즉, 인맥을 얻기 위해 떠나는 유학이자, 인맥이 없으면 버티기 힘든 길이다. 쉽게 말해, 아버지가 대형 로펌 파트너라면 로스쿨을 나와 자연스럽게 그 길을 이어 가겠지만, 평범한 공무원 아버지를 둔 학생이 로스쿨을 나와 같은 길을 걷기란 쉽지 않다. 미국은 그 차이가 더 크다. 이 현실을 알고 준비해야 한다.

비즈니스 전공 로드맵 - (2) 과외 활동 편

비즈니스 전공 입시는 단순한 성적 경쟁이 아니다. 리더십, 실행력, 그리고 관리 능력을 보여 줘야 한다. 아이디어를 말로만 하는 학생보다, 직접 움직여 본 학생을 대학은 더 높게 평가한다.

1. 리더십 활동(Leadership)

비즈니스 전공에서 가장 중요한 단어는 리더십이다. 직책을 맡는다는 의미가 아니라, 팀을 움직이고 문제를 해결한 경험이 있느냐를 뜻한다.

● 추천 활동 예시
- Student Council(학생회 활동)
- Business Club/Economics Society(학교 내 경영 동아리 운영)
- DECA/FBLA(Future Business Leaders of America)

→ 경영·마케팅 시뮬레이션 대회, 프레젠테이션 능력 향상
- Model UN/Debate Club
→ 협상력과 논리적 사고 훈련

입학사정관이 보는 것은 직함이 아니라 결과와 과정이다. 프로젝트를 기획하고, 갈등을 조정하고, 결과를 분석해 발표까지 이끌었다면 그게 진짜 리더십이다.

2. 비즈니스 실전 경험
(Entrepreneurship & Marketing Projects)

비즈니스는 머리로 배우는 학문이 아니라 실전으로 배우는 학문이다. 작은 프로젝트라도 직접 시장을 경험해 보는 것이 중요하다.

● 추천 활동 예시
- 창업 프로젝트(Entrepreneurship Project)
→ 친구들과 팀을 만들어 온라인 브랜드나 소셜벤처 기획
→ 시제품 제작, 마케팅, 수익 구조 설계, 판매 실험

- 인턴십(Internship)
→ 가족 기업에서 실제 비즈니스 환경 경험
- 아르바이트(Part-time Job Experience)
→ 편의점 아르바이트 등 실제 매장에서 고객 응대와 재고 관리를 경험

이런 경험은 대학 에세이에서 *"내가 어떻게 문제를 해결했는가?"*를 보여 주는 최고의 사례가 된다.

혜주(가명) 학생은 ○○국제학교 재학 중 회사를 창업했다. 부모가 운영하는 □□ 기업과 파트너십을 맺어 매출을 올렸고, 그 과정을 포트폴리오에 담아 명문대에 합격했다.

한국에서는 *"아빠 찬스 아니냐?"*는 말이 나올 수 있지만, 미국에서는 학생이 실제로 프로젝트를 매니징할 능력이 있으면 평가가 달라진다.

3. 금융·투자 관련 활동
(Finance & Economics Experience)

나는 학생들에게 미국 주식 투자를 직접 해 보라고 말한

다. 기업을 알고, 산업을 배우는 가장 현실적인 공부이기 때문이다. 책으로 배우는 경제보다 실전 투자가 훨씬 오래 기억에 남는다.

- 추천 대회
    - Wharton Global High School Investment Competition
    - The Stock Market Game(SIFMA Foundation)
    - Harvard Pre-Collegiate Investment Competition

이런 대회들은 단순한 모의투자가 아니라, 데이터 분석·시장 논리·리스크 관리를 훈련하는 과정이다. 경제 감각은 실제 투자에서 가장 빠르게 자란다.

4. 사회공헌 활동(Social Impact)

비즈니스 스쿨은 단순히 이윤만 추구하는 학생을 원하지 않는다. 사회적 가치와 책임을 이해하는 학생을 찾는다. 그래서 나는 필리핀에서 의료 봉사 프로그램을 만들고 학생들의 참여를 권장한다.

 학생들은 현지 의료 지원과 위생 교육을 돕고, 이 경험을 통해 '비즈니스가 사회에 기여할 수 있는 방식'을 배운다. "비즈니스 스쿨 지원에 도움이 되나요?"라고 자주 묻는다. 물론이다. 비즈니스는 이윤과 가치, 두 축이 함께 굴러가야 한다. 단, 한 번의 참여로는 부족하다. 매년 꾸준히 참여하고, 진정성을 쌓는 것이 중요하다.

 "왜 비즈니스 스쿨을 가려고 하니?"
 이 질문에 A4 한 장으로 답을 쓸 수 있다면 절반은 성공이다. 사업을 배우고 싶고, 직접 하고 싶은 학생이라면 세계 최고의 무대인 미국이 가장 적합하다. 영주권이 없다면, 먼저 합법적 체류 기반을 확보하는 게 우선이다.

 비즈니스는 장기전이다. 꼭 20대 초반에 시작할 필요는 없다. 포춘 500대 기업 CEO의 상당수는 학부 비즈니스 전공자가 아니다. 상당수가 MBA(경영대학원) 출신이다. 즉, 학부에서는 자신의 분야(의학·공학·예술 등)를 배우고, 실무 경험을 쌓은 뒤 MBA로 전향하는 것이 일반적이다.

 예를 들어, 헬스케어 산업에서 사업을 하고 싶다면 의대를 졸업하고 레지던시를 거친 뒤 경영대학원에 진학하는 것이 훨씬 유리하다. 공부의 길이는 길지만, 방향이 분명하면 그만큼 안전하다. 그래서 나는 국제학생들에게 종종 이렇게 말한다.

"*엘리멘터리 시기를 1년 줄이고, 그 시간을 미래 설계에 쓰세요.*"

유학의 성공은 빠른 출발보다 올바른 설계에 달려 있다.

청담 엘유학원 약대 5년 속성반 프로그램

청담 엘유학원은 미국 약대를 목표로 하는 학생들을 위해 미국 약대 5년 속성반(Pharm.D. Fast Track Program)을 운영하고 있습니다. 이 과정은 고등학생이 미국 대학교에 Dual Enrollment(이중등록) 형태로 등록해, 약대 대학원 지원에 필요한 필수 선수과목들을 미리 이수하도록 설계되었습니다.

이 과목들은 실제 대학 학점으로 인정되어, 추후 대학 입학 시 1학년부터 약대 진학 트랙을 바로 시작할 수 있는 기반이 됩니다. 학생들은 아래의 기초 과목들을 온라인으로 수강하며, 약대 준비에 필요한 핵심 전공 역량을 단계적으로 쌓게 됩니다.

〈고등학생 온라인 수강 가능 과목〉
- General Biology(with lab)
- General Chemistry(with lab)
- Physics(with lab)
- Calculus(or higher mathematics)
- Statistics
- English Composition/Writing
- English Literature/Communication/Oral Communication
- Anatomy & Physiology(I & II with labs)
- Microbiology(with lab)
- Humanities/Social Science electives(Psychology, Sociology, Economics, Ethics 등)

또한 고2·고3 여름 캠프 기간에는 미국대학 여름학기에 참여하여 다음과 같은 심화 과목을 학점으로 이수할 수 있습니다.

⟨미국 대학 여름 학기 학점 인정 과목⟩
- Organic Chemistry(with lab)
- Biochemistry(with lab)

청담 엘유학원의 약대 5년 속성반은 단순한 조기 선행 과정이 아닙니다.
학생들이 대학 진학 전부터 실제 대학 커리큘럼을 경험하며, 약대 진학에 필요한 과학적 사고력, 실험 역량, 영어 학술 능력을 함께 키우는 프로그램입니다.

※ 미국의대, 치대 입학준비 학생들도 참여 가능합니다.

5장

국제학교 입학 전략

권장 입학 시기

국제학교 입학에서 가장 중요한 것은 '언제 들어가느냐?'다. 유치원 때부터 다닌다고 좋은 것은 아니다. 입학 시기는 아이의 상황과 목표, 그리고 가정의 방향에 따라 달라진다. 나는 상담할 때 늘 이렇게 묻는다.

"이 학생은 나중에 어떤 일을 하게 될까요?"

"유치원생의 진로를 어떻게 아냐"고 반문할 수 있다.

하지만 크게 보면 방향은 두 가지다. 가업을 잇는 학생과 스스로 길을 만들어야 하는 학생이다. 이 구분만으로도 입학 시기는 완전히 달라진다.

1. 가업을 잇는 학생

이 경우, 굳이 빡빡한 공부를 강요할 필요는 없다. 오히려 스포츠나 예술, 인간관계 확장에 집중하는 것이 좋다. 국제학교에 일찍 입학하는 것도 괜찮다.

특히 제주에서는 골프·테니스 같은 운동을 선수처럼 배

우기에 환경이 적합하다. 운동 하나를 진지하게 배워두면 사회적 관계를 넓히는 데 큰 도움이 된다. 추천 학교는 SJA 제주, BHA 제주다. 이 두 학교는 비교적 여유 있는 분위기 속에서 영어 몰입과 예체능 활동을 병행하기 좋다.

2. 일반 학생

1) Kinder~G6 입학

서울 강남권 이외 지역이라면 조기 입학도 나쁘지 않다. 하지만 강남권 학생이라면 특별한 이유가 없다면 추천하지 않는다. 이 시기에는 제주 국제학교에서 배우는 것보다 서초나 대치동 인근 비인가 국제학교와 사교육 시스템을 활용하는 편이 더 빠르고 정확하게 실력을 올릴 수 있다.

2) G7~G8 입학

국제중학교에 진학하지 못했거나, 보딩스쿨에 가기 전 경험을 쌓으려는 학생들이 선택하는 시기다. 국내에서 고등학교까지 국제학교에 다닐 계획이라면 찬성한다. 하지만 단순히 '보딩 경험'을 위해 제주 국제학교에 보내는 것은 비추천이다. 그 경험이 생각만큼 가치 있지 않다. 또한 제주 국제학교는 수업 외 영어 사용 비율이 낮다는 점도 고려해야 한다.

3) G9~G11 입학

늦은 입학이 꼭 불리한 것은 아니다. 영어와 교과가 탄탄한 학생이라면 이 시점이 오히려 효율적이다. 실제로 *"굴러온 돌이 박힌 돌을 뺀다."*는 말이 있을 정도로 대치동 출신 학생들이 중3~고1에 제주로 와 상위권을 차지한다. 이 시기에 입학한다면 반드시 대학 입시 로드맵을 세워야 한다.

G9 입학 전에 *"이 학교에서 무엇을 얻을 것인가"*를 명확히 해야 시간을 낭비하지 않는다.

입학 시기를 결정할 때 '언어 발달 나이'를 기준으로 말하는 사람들이 있다. 듣기에는 그럴듯하지만 현실적이지 않다. 국제학교 입학은 학생의 상황, 가정의 방향, 진로 목표를 고려해야 한다. 일찍 들어가야 할 학생이 있고, 늦게 들어가야 성공하는 학생이 있다.

입학시험 준비 - 영어English

국제학교 입학을 준비하는 학부모 중에는 입학시험인 MAP Test만 단기간에 과외로 준비하려는 경우가 많다. 그러나 입학시험을 통과하는 것과, 학교 수업을 따라가는 것은 전혀 다른 문제다.

국제학교는 모든 수업이 영어로 진행된다. 따라서 입학시험을 잘 봐서 들어갔다 해도 수업 내용을 '제대로 받아먹으려면' 영어 실력이 매우 높아야 한다.

최근 만난 한 국제학교 학생의 사례가 그렇다. 그 학생은 학교에서 A, B 학점을 받고 있었다. 부모는 아이가 잘 적응하고 있다고 생각했지만, 실제로 영어 실력은 초등 수준에 머물러 있었다.

국제학교는 성적을 후하게 주는 경향이 있다는 점을 모르는 부모가 많다. 결국 영어 실력이 부족한 채로 졸업하면 아이의 고등학교 4년은 내용 없는 시간이 된다. 따라서 합격했다고 좋아하기 전에, 입학 후에도 영어로 공부를 지속할 수 있는가를 먼저 봐야 한다.

MAP Test를 위한 단기 준비는 의미가 없다. 기초 영어 실력이 있다면 MAP Test 점수는 자연스럽게 따라온다. 실제로 올해 내가 지도한 학생 중 한 명은 별도의 MAP Test 대비 없이도 Reading 227, Language Usage 236, Mathematics 267점을 받았다.

이 학생은 초등 5학년까지 일반학교를 다니다 국제학교로 전학했는데, 시험 대비 대신 영어 몰입 학습을 꾸준히 한 결과였다. 국제학교의 입학시험 기준은 학교마다 다르고 매년 조금씩 바뀐다. 따라서 이 책에서는 학교별 세부 기준을 다루지 않는다.

각 학교 웹사이트의 최신 정보를 확인하길 권한다. 다만 내 경험상, 입학 후 수업을 원활히 따라가는 학생들의 영어 실력 기준을 아래 표로 정리했다.

국제학교 입학 영어 실력 기준

학년	사용 시험	권장 점수	설명
G1	TOEFL Primary Step 2	145~150+	문장 읽기·이해 완벽, 영어 몰입수업 적응 가능

G2	TOEFL Primary Step 2	150~155+	교과 수업 참여 및 영어로 발표 가능
G3	TOEFL Primary Step 2	155~160+	문단 단위 읽기·쓰기 가능, ESL 불필요
G4	Junior TOEFL	720~780+	영어 교과서 독해, Writing·Discussion 가능
G5	Junior TOEFL	750~810+	Social, Science 수업 참여 가능
G6	Junior TOEFL	800~850+	Academic writing 일부 가능 미국 주니어보딩스쿨 입학생들: 880점 이상
G7	Junior TOEFL	830~870+	Essay/Report 작성 일부 가능 미국 주니어보딩스쿨 입학생들: 900점 이상
G8	Junior TOEFL	850~900	Debate, Presentation, Research 수행 가능 미국 주니어보딩스쿨 입학생들: IBT 80 이상

G9	TOEFL iBT	90~95+	Literature, 교과목 수업 참여 가능 수준
G10	TOEFL iBT	100~105+	AP English, Research Paper 수행 수준
G11	TOEFL iBT	105~110+	IB Diploma English/AP Seminar 가능

영어는 단기간에 오르지 않는다. 꾸준한 몰입과 환경이 실력을 만든다. 국제학교 입시는 영어 시험이 아니라, 영어로 공부할 준비가 되었는가를 묻는 시험이다.

입학시험 준비 - 수학 Math

국제학교 입학 시에는 영어와 함께 수학 시험을 본다.

결론부터 말하자면, 국제학교 입학시험 수학의 수준은 높지 않다. 용어만 익히고 영어로 된 문제에 익숙해진다면 충분히 고득점을 받을 수 있다. 그래서 실제로 입학시험을 준비하며 수학을 별도로 지도한 경우는 드물다. 국내에서 수학을 포기했던 학생이나, 어릴 때 해외에서 공부해 수학 기초가 약한 학생이라면 짧은 기간이라도 시험 대비 학습이 필요하다.

1. 국제학교 수학의 핵심은 '언어와 논리'다

국제학교 수학은 언어로 푸는 논리 게임이다.

한국처럼 빠른 계산력보다, 문제를 영어로 이해하고 논리적으로 풀이하는 능력이 중요하다.

문제를 정확히 읽지 못하면 아무리 수학 실력이 좋아도 틀리게 된다. 예를 들어,

"A number is increased by 30% and then decreased by 20%. What is the overall change?"

이 문장을 제대로 이해하지 못하면 식을 세울 수는 있어도 정답에 도달하지 못한다. 그래서 국제학교 수학은 단순한 연산이 아니라 '수학 영어(Math English)'의 영역이다.

출제 구조

학년	주요 범위
G3~G5	사칙연산, 분수, 도형, 간단한 응용문제
G6~G8	Pre-Algebra, Algebra I, Geometry
G9~G10	Geometry, Algebra II, Pre-Calculus

학교마다 차이는 있지만 NLCS 제주·BHA·KIS·채드윅·SJA 등 주요 국제학교들은 응용형·논리형 서술 문제를 선호한다. 학생이 단순히 식을 세우는 것이 아니라, 풀이 과정을 영어로 설명할 수 있는지를 본다.

2. 준비 방법

1) 영어를 먼저 배워라

국제학교 수학 시험은 결국 영어 시험이다. 문제를 해석하지 못하면 실력이 있어도 틀린다. 따라서 수학 공부보다 먼저 영어 독해력과 문장 이해력을 키워야 한다.

2) 영어로 된 수학 문제에 익숙해져라

가장 먼저 익혀야 할 것은 수학 어휘(Math Vocabulary)다. difference(차이), ratio(비율), quotient(몫), remainder(나머지), even number(짝수), average(평균) 같은 단어들이다.

이 단어의 뜻을 정확히 모르면 문제를 읽어도 이해가 되지 않는다. 매일 5~10개의 수학 단어를 외우고, 간단한 예문을 만들어 보는 습관을 들이자.

3. 시험 목적 이해

국제학교 수학 시험은 합격 여부를 가르는 시험이 아니

다. 학생의 수학 수준(Level Placement)을 평가하기 위한 시험이다. 입학 후 실력에 따라 월반(Advanced Class)도 가능하다. 따라서 점수에 집착하기보다 자신의 현재 위치를 객관적으로 파악하는 것이 더 중요하다.

예를 들어, 공대를 목표로 한다면 G9 시점에 Pre-Calculus에 진입하는 것이 이상적이다. 반대로 의대·치대·약대를 준비한다면 Geometry 수준이면 충분하다. 입학시험의 결과보다 더 중요한 것은 입학 후 수학의 난이도와 속도를 꾸준히 높여 가는 것이다.

그 성장이 대학 입시 경쟁력을 결정한다.

SSAT 시험

　최근 제주 KIS와 송도 채드윅 등 일부 국제학교들이 다시 SSAT 점수 제출을 요구하기 시작했다. 2017년 가을, 제주 세인트존스베리아카데미가 개교했을 당시에도 SSAT가 입학시험으로 채택된 바 있다. 그 시기 청담 엘유학원에서 국제학교를 준비했던 학생들의 평균 점수는 1,600점 이하에 머물렀다. 같은 시기 미국 보딩스쿨을 지원한 학생들의 평균 점수가 2,000~2,200점대였던 것을 고려하면, 비교 자체가 어려운 수준이었다.

　그럼에도 불구하고 나는 그해 모든 학생을 세인트존스베리 아카데미에 합격시켰다. 이후 2018년부터 학교는 SSAT 점수를 공식 제출 서류에서 제외하기로 결정했다.

　그로부터 시간이 흘러, 최근 다시 여러 국제학교들이 SSAT를 필수 제출 항목으로 복귀시키는 추세다. 처음에는 선택 사항이었지만, 이제는 입학 지원서의 필수 요건으로 자리 잡는 분위기다. 이 변화는 단순히 시험 제도의 회귀가 아니라, 한국 학생들의 영어 실력이 과거보다 확실히 향상되었다는 증거이기도 하다. 실제로 최근 국제학교 지원생들의 영어 수준은 과거보다 눈에 띄게 향상되었다.

1. SSAT란 무엇인가

SSAT(Secondary School Admission Test)는 미국 사립학교 입학을 위한 표준화 시험이다. 시험 주관 기관은 The Enrollment Management Association(EMA)이며, 시험 대상은 다음과 같이 세 단계로 나뉜다.

구분	학년	대상
Elementary	G3~G4	초등 저학년
Middle	G5~G7	초등 고학년~중등 저학년
Upper	G8~G11	중등~고등

2. 시험 구성

영역	내용	비고
Verbal	어휘, 추론 능력 평가	단어 유추·유사어 문제 중심
Quantitative	수학·논리 영역	Pre-Algebra, Algebra, Geometry 포함
Reading Comprehension	독해력 평가	문학·비문학 지문 분석
Writing Sample	작문 샘플	채점은 하지 않지만 지원 학교로 전달됨

Verbal, Quantitative, Reading은 점수로 표기되며, Writing Sample은 점수화되지 않고 학교로 직접 보내진다.

3. 국제학교 학생, 왜 SSAT를 봐야 하는가

이 시험은 비인가 국제학교 학생들에게 특히 추천한다.

국내 국제학교에서 주로 실시하는 MAP Test는 전세계 국제학교 내 학업 성취도를 평가하는 시험이라 미국 상위권 학생들과의 직접 비교가 어렵다.

반면 SSAT는 미국 사립학교 학생들이 실제로 보는 시험이기 때문에 이 점수를 통해 학생의 실력을 미국 사립학교 기준으로 파악할 수 있다.

또한 SSAT 준비 과정은 영어 어휘력과 독해력 향상에도 큰 도움이 된다. 단, 영어가 아직 모국어 수준이 아닌 학생이라면 SSAT보다 먼저 TOEFL을 준비하는 것이 좋다. 기초 어휘와 문장 해석 능력이 충분하지 않으면 SSAT의 Verbal·Reading 영역에서 점수를 얻기 어렵기 때문이다.

비인가 국제학교는?

1. 비인가 국제학교란 무엇인가

비인가 국제학교는 교육청 인가를 받지 않은 사설 교육기관이다. 법적으로는 '어학원' 혹은 '대안학교' 형태로 운영된다. 학교라기보다는 국제 커리큘럼 기반의 학습 센터(Learning Center)에 가깝다. 하지만 최근에는 일부 기관이 미국 교육 인증 기관(AdvancED, Cognia 등)의 승인을 받아 정식 미국 고교 졸업장과 동일한 학위를 제공하기도 한다. 따라서 해외 대학 진학에는 큰 문제가 없다. 즉, 제도권 학교는 아니지만, 국제적으로는 인증된 교육 모델이라 볼 수 있다.

2. 비인가 국제학교의 장점

1) 진학 로드맵이 빠르다
비인가 국제학교는 운영이 다소 자유롭다. 학생의 수준과 진로에 맞춰 커리큘럼을 조정할 수 있다. 예를 들어 G8(중2) 학생이 G9 과정으로 월반하거나, G9(중3) 학생이 온라인스쿨을 통해 AP Human Geography, AP U.S. Government, AP Computer Science Principles 등을 수강해 5월 정규 AP 시험을 치를 수도 있다.

2) 학습 효율이 높다

소규모 수업이라 학생 개개인의 속도에 맞춰 학습할 수 있다. 또한 듀얼 인롤먼트(Dual Enrollment) 제도를 통해 고등학교 재학 중에도 대학 학점을 취득할 수 있다.

최근 Y 비인가 국제학교가 시러큐스대학교(Syracuse University)와 학점 교류 협약을 맺은 것도 이런 흐름의 예다. 계획대로 진행된다면, 학생들은 고등학생 신분으로 대학 학점을 취득할 수 있게 된다.

3) 실전 중심의 관리

비인가 국제학교는 9학년부터, 혹은 그 이전부터 미국 대학 입시를 직접 겨냥한 교육 프로그램을 운영한다. SAT, AP, TOEFL, 에세이, 과외 활동까지 일괄 관리하며 소규모

환경에서 학생 개개인에 대한 피드백이 빠르다. 즉, '학교 수업 + 입시 전략'을 동시에 관리할 수 있는 체계다.

3. 비인가 국제학교의 한계

1) 한국 교육청의 학력 인정이 없다

비인가 국제학교는 국내 교육부 인가가 없기 때문에 졸업장(학력 인정)을 발급할 수 없다. 해외 대학 지원에는 문제가 없지만, 국내 대학 진학을 원한다면 검정고시를 통해 학력을 취득해야 한다.

2) 성적이 쉽게 나온다

강남권 비인가 국제학교의 대부분 학생이 A학점을 받는다. 성적은 좋지만, 실력이 그만큼 따라오는지는 별개의 문제다. *"성적이 아니라 실력이 중요하다."* 는 점을 부모가 명확히 인식해야 한다.

3) 규모의 한계

비인가 국제학교는 대형 학원처럼 자본력이 크지 않다.

교사의 수준과 커리큘럼의 질이 학교마다 다르다. 일부 학부모는 *"학원 선생님보다 수업 퀄리티가 떨어진다."*고 느낀다. 이는 사실이기도 하다. 왜냐하면 국내 상위권 학원 강사들은 1년에 억대 수입을 올릴 만큼 경쟁력 있는 인력들이고, 그만큼 강의 수준도 높기 때문이다.

비인가 국제학교는 이런 시스템을 그대로 기대하기 어렵다. 작은 규모가 세심한 관리로 이어질 수도 있지만, 교사 역량의 편차가 크다는 점은 반드시 감안해야 한다.

4. 이런 학생에게는 적합하다

- 조기유학을 계획했으나 출국을 미룬 학생
- 한국식 교육에 적응하지 못한 학생
- 공인 국제학교 입학 전, 영어·AP 과목을 빠르게 준비하려는 학생
- 공인 국제학교에서 성적이 낮아 재도약이 필요한 학생
- 의대·치대·약대·공대 진학을 목표로 수학·과학 중심 학습이 필요한 학생

비인가 국제학교는 하이브리드형 교육 모델이다.

서울, 특히 강남의 풍부한 사교육 인프라를 활용하면서 국제 커리큘럼을 함께 이수할 수 있다. 따라서 목표가 명확한 학생에게는 오히려 효율적인 선택이 된다.

5. 주의할 점

비인가 국제학교는 법적 리스크와 불확실성을 안고 있다. 학력 인정이 없고, 행정상 불이익이 있을 수 있다. 따라서 학교의 커리큘럼, 인증 체계, 대학 진학 실적을 꼼꼼히 검증해야 한다.

나는 상담할 때 이렇게 말한다.

"비인가 국제학교는 명확한 목적이 있는 학생에게만 허락된 빠른 길입니다."

6. 국제학교에서 대학 준비

국제학교의 최종 목표는 해외 대학 진학이다. 이 목표를 위해서는 입학 직후부터 전략적인 플랜이 필요하다. 준비가 빠를수록 방향이 명확해지고, 기회는 넓어진다.

7. 유학 나라 결정

가장 먼저 해야 할 일은 유학할 나라를 정하는 것이다. 어디로 갈지는 단순히 학교 이름이 아니라, 학생의 미래 직업을 기준으로 정해야 한다. 어떤 일을 할 학생인가를 먼저 생각하면, 그 직업에 강한 대학이 있는 나라가 자연스럽게 선택된다.

목표 국가	추천 국제학교
영국 대학 목표	NLCS 제주
미국 대학 목표	KIS, SJA, BHA, DIS, 채드윅, CMIS

8. 미국 대학 준비의 세 가지 핵심

대부분의 국제학교 학생들은 미국 대학을 목표로 한다. 미국 대학 입시는 세 가지 요소가 핵심이다.

1) 내신 성적(GPA)

2) 표준시험 점수(SAT 또는 ACT)

3) 과외 활동(Extracurricular Activities)

미국 대학은 GPA가 약 40%, SAT/ACT가 30%, 과외 활동이 30% 비중으로 평가된다. 한국처럼 시험 한 번으로 결정되지 않는다. 따라서 국제학교에 입학한 순간부터 직업 → 전공 → 대학 → 학업·활동 플랜을 단계적으로 설계해야 한다.

9. GPA 관리

국제학교의 GPA는 대부분 후한 편이다. 그래서 대학은 단순 점수보다 과목의 수준과 깊이를 본다. IB HL(High Level) 과목이나 AP 과목을 얼마나 들었는지가 경쟁력이다.

전공	추천 과목
공대 지망생	AP Physics C, AP Calculus BC, AP Computer Science

의·치대 지망생	IB Biology HL, Chemistry HL, Anatomy & Physiology
비즈니스 지망생	AP Economics, AP Calculus BC, AP English Language

대학은 *"A를 받았는가?"* 보다 *"어떤 과목에서 A를 받았는가?"* 를 본다.

10. 표준화 시험(SAT 또는 ACT)

SAT는 준비되지 않은 상태에서 보면 오히려 역효과가 난다. 테스트를 먼저 보고, 점수가 충분할 때 공식 시험에 등록하라. 국제학교에서 오래 공부했다고 해서 SAT 영어 점수가 자동으로 높게 나오는 것도 아니다.

시험은 11~12학년 무렵 응시하는 것이 일반적이다. 단, 9~10학년에 SAT 1530점 이상을 받는다면 그에 맞는 내신 과목(AP English Language, AP Calculus)을 병행하고, 11학년에는 높은 난도의 과외 활동(Science Olympiad, Scholastic Awards, Genius Olympiad, Breakthrough Junior

Challenge, John Locke Essay 등)으로 깊이를 보여 줘야 한다.

11. 과외 활동

미국 대학 입시의 핵심은 에세이다. 성적보다 더 중요한 것은 이 학생이 어떤 생각과 가치관을 가진 사람인가이다. 학생이 한 활동들은 에세이에 자연스럽게 녹아 있어야 한다. 그렇지 않다면 입학사정관은 그 활동을 '형식적 참여'로 본다. 국제학교 학생이라면 다음과 같은 활동을 추천한다.

- 봉사활동(Volunteer Service) - 사회적 책임감
- 인턴십(Internship) - 현장 경험과 실무 이해
- 리서치 프로젝트(Research) - 학문적 깊이와 탐구력
- 창업·리더십 활동(Entrepreneurship) - 실행력과 주도성

"미국 대학은 완벽한 학생이 아니라, 자신의 이야기를 가진 학생을 원한다."

국제학교 학부모는 *"학교가 알아서 해 주겠지."* 라는 기대를 버려야 한다. 국제학교에 들어서는 순간, 학부모는 학생의 대학 로드맵을 직접 관리해야 하는 운영자가 된다.

내신 준비, AP 학점 취득, SAT 시험, 과외 활동까지 모두 국제학교 밖에서 사교육 기관과 함께 설계해야 한다. 학생의 방향과 속도를 점검하고, 전문가와 함께 로드맵을 세워야 한다. 그것이 국제학교 '학부모 역할'이다.

6장

내가 국제학교를
추천하는 이유

정답이 필요 없는 시대

우리는 지금 AI 시대에 살고 있다. 과거의 학교는 '정답'을 외우는 법을 가르쳤지만, 이제 정답은 1초 만에 검색창과 챗GPT가 알려 준다. 정답을 아는 사람보다, 정답을 새로 만드는 사람이 필요한 시대가 된 것이다.

그렇다면 어떤 학생이 이 시대에 강할까?

AI를 활용할 줄 아는 학생이다. 국제학교의 수업 방식은 바로 이런 능력을 기르는 데 가장 가깝다. 토론, 프로젝트, 프레젠테이션 중심의 수업. 정답을 외우는 훈련이 아니라 생각의 근육을 기르는 과정이다.

학생은 *"왜 그렇게 생각했는가?"* 를 설명하며, 남과 다른 관점을 표현하는 법을 배운다. 나는 이것이 국제학교의 가장 큰 힘이라고 믿는다.

1. 영어보다 중요한 건 사고력이다

국제학교의 목표는 영어 점수가 아니다. 매일 영어로 토론하고, 글을 쓰고, 문제를 해결하는 과정 속에서 영어는 자연스럽게 따라온다. 진짜 목표는 영어로 생각할 수 있는 힘이다. 언어가 바뀌면 사고의 틀이 달라진다. 영어는 단순한 말하기 도구가 아니라 세상을 보는 또 하나의 창이자, 다른 세상으로 나아가는 문이다. 그 문을 통해 아이는 더 넓은 세상으로 갈 수 있다.

2. 비교하지 말고, 너만의 세계를 키워라

국제학교에서는 비교가 통하지 않는다. 누군가는 예술을, 누군가는 과학을, 또 다른 누군가는 경영을 배운다. 중요한 건 속도가 아니라 방향이다. 아이비리그 입학이 목표가 되어서는 안 된다.

"나는 어떤 분야에서, 어떤 삶을 살고 싶은가."

그 질문이 더 중요하다. 국제학교는 그 답을 찾아가는 과정이다. 과제와 수업 속에서 배우고, 스스로 계획하고 시간을 관리하며 자기만의 학습 리듬을 만들어 간다. 이 경험이 대학 이후에도 아이를 지탱하는 힘이 된다.

3. 국제학교가 가르치는 진짜 교육

국제학교는 영어를 배우는 곳이 아니다. AI 시대에 필요한 사고력과 협력의 태도를 배우는 곳이다. 지식을 넘어서 사고의 틀을 바꾸고, 경쟁보다 협력을 배우며, 정답보다 질문을 던질 줄 아는 학생을 길러낸다. 국제학교는 문제를 푸는 학생이 아니라, 세상에 새로운 질문을 던질 수 있는 학생을 키운다. 나는 그래서 국제학교를 추천한다. 성적이 아니라 사고력, 속도가 아니라 방향, 정답이 아니라 질문. 그게 앞으로의 세상을 살아갈 진짜 힘이기 때문이다.

에필로그

지난 20년 동안 나는 수많은 학생과 부모를 만나 왔다.

어떤 부모는 아이가 학창시절에 영어라도 제대로 배우길 원했고, 어떤 부모는 미국 대학 진학을 위한 수단으로 국제학교를 선택했다. 그런 부모들에게 나는 늘 이렇게 말했다.

"국제학교는 단순히 영어를 배우는 곳이 아니라,
아이에게 새로운 가능성을 열어 주는 문입니다."

그 문을 열고 나가는 건 학교도, 부모도 아닌 아이 자신이다. 부모는 그 문 앞까지 함께 걸어가 주면 된다. 하지만 문을 여는 힘과, 그 문을 나서는 용기는 아이 스스로 가져야 한다.

성공보다 중요한 건 방향이고, 속도보다 중요한 건 꾸준함이다. 정답을 아는 아이보다, 스스로 질문할 줄 아는 아이가 결국 더 멀리 간다.

행복하게 웃으며 다닐 수 있는 학교, 운동하고, 악기를 연주하고, 그림을 그리며 AI 시대에 필요한 사고력을 키워주는 학교, 나는 그런 국제학교를 믿는다.

그래서 오늘도, 그 문을 열고 세상으로 나아가는 아이들을 응원한다.

경시대회

Psychology Competitions

APA TOPSS Competition	9~12학년(전 세계 학생). 고등학교 수준의 심리 주제 영상 공모전. 마감일: 3월
Brain Bee	9~12학년(한국도 참여 가능). 고등학생을 위한 뇌과학 지식 경연. 등록일: 11월(한국)
CogSci High School Research Competition	9~12학년(전 세계 학생). 인지과학(cognitive science) 개념을 쉽게 풀어낸 교육용 영상(5분)을 제작하여 제출. 마감일: 10월
International Brain Bee(IBB)	13~19세(미국 내 한국인 학생 가능). 고등학생을 대상으로 하는 국제 신경과학 대회. 필기시험, 해부이미지판독, 환자진단 사례, 구술테스트. 마감일: 2월(지역대회)

Psychology Science Fair	9~12학년(전 세계 학생). ISEF. Behavioral and Social Sciences 분야. 심리학 중심의 연구를 국제 기준으로 발표할 수 있는 플랫폼. 심리 및 뇌과학에 관심 있는 학생에게 최적: 단순 발표가 아닌 실제 연구 기획과 데이터 분석 경험. 마감일: 1월(지역대회)
Brain Awareness Video Contest	전 연령(전 세계 학생). 뇌 과학 및 신경과학 주제를 영화, 애니메이션, 그래픽 등 영상 콘텐츠(4분)로 제작하여 교육적이고 흥미롭게 소개하는 대회. 마감일: 6월
Neuroscience Research Prize(AAN & Child Neurology Society)	9~12학년(미국 내 한국인 학생 가능). 뇌와 신경과학 분야에 관련된 독창적인 연구 보고서를 작성하여 발표한 능력을 평가. 등록일: 8월

Artistic, Writing, and Philosophy Competitions

Adroit Journal – Gregory Djanikian Scholarships	중고등학생(전 세계 학생 대상). 정규 출판 이력이 없는 신진 작가를 대상으로 시 또는 단편소설 포트폴리오를 심사하여 장학금과 게재 기회를 제공. 마감일: 6월 30일
Bennington Young Writers Awards	9학년~12학년(전 세계 학생 대상). 시, 소설, 논픽션 분야에 고등학생이 글을 제출하며, 미국 최고의 문예 대학 중 하나인 Bennington College가 주최. 마감일: 11월 1일
Bow Seat Ocean Awareness Art, Poetry, and Writing Contest	11세~18세(전 세계 학생 대상). 환경 문제를 주제로 시, 미술, 음악, 글쓰기 등 다양한 형식으로 작품을 제출하는 국제대회. 마감일: 6월 30일
Concord Review	9~12학년(전 세계 학생 대상). 역사 분야의 학술 논문을 모집하며, 우수작은 학술 저널에 게재되고 'Emerson Prize' 수여 대상이 됨. 마감일: 연중 접수

Make Us Visible Creative Challenge	K~12학년(전 세계 학생 대상). 아시아계 미국인의 역사 또는 목소리를 주제로 한 예술, 에세이, 미디어 등 창작 공모전. 마감일: 4월
River of Words	5세~19세(전 세계 학생 대상). 자연과 생태를 주제로 한 시 또는 미술 작품을 제출하는 세계 최대 규모 청소년 환경 문예 대회. 마감일: 매년 1월 말
Scholastic Art & Writing Awards	7학년~12학년(미국 내 한국인 가능). 미술 및 문예 전 분야에서 미국 최대 규모의 청소년 공모전, 수상 시 장학금 및 카네기홀 시상식 초청. 마감일: 매년 초겨울
World Historian Student Essay Competition	k-12학년(전 세계). 가족 또는 개인의 경험을 세계사적 사건과 연결하는 1,000단어 에세이 공모전. 마감일: 5월 1일
Young Writers Annual Showcase	k-12학년(전 세계/18세 이하). 시, 단편, 에세이 등 자유 형식 글쓰기 공모전으로, 수상자는 작품 출판과 트로피 수여. 마감일: 9월 중순

Competitions and Prizes: 의대 & 바이오, Chem 관련

American Rocketry Challenge	미국 중고등 학생(6~12학년). 세계 최대 규모 로켓 대회. 2002년부터 시작된 이 대회는 항공우주협회(Aerospace Industries Association)와 로켓협회(National Association of Rocketry)가 공동 주관하며, 중·고등학생들의 STEM 분야 관심을 높이는 데 주력. 상위 100개 팀은 전국 결선에 초청되고, 다양한 상이 주어짐.
American Society of Human Genetics(ASHG)의 DNA Day Essay Contest	미국 및 국제 고등학생(9~12학년). National DNA Day(4월)에 맞춘 대회로, 인간 유전학의 핵심 개념을 조명하고 학생들의 비판적 사고·논리적 글쓰기 능력을 키우기 위한 에세이 공모전.
International Neuroethics Society(INS) & IYNA – *Neuroethics Essay Contest*	전 세계 고등학생. 뇌과학 및 인지과학과 관련된 윤리 문제(예: 뇌 인터페이스, 신경 조작, AI로 인한 인지권 침해 등).
American Society of Human Genetics – *DNA Day Essay Contest*	전 세계 고등학생. 인간 유전학&생명윤리에 대한 750단어 에세이.

BioGENEius Challenge	미국·캐나다 소재 고등학생(9-12학년) 미국 내 외국인 학생 가능. 의료, 농업, 산업/환경 생명공학 문제에 대한 STEM 솔루션을 제안하는 국제 대회. - 지역/주 단위 예선(State Partner Challenge 또는 At-Large Challenge) - 국제 본선(International BioGENEius Challenge)
Breakthrough Junior Challenge	글로벌 고등학생 대상 과학 영상 경연대회로, 학생들이 물리, 생명과학, 수학 분야에서 2분 이내의 창의적인 설명 영상을 제작해 학습 효과와 대중적 소통력을 겨루는 대회.
Conrad Challenge	13-18세 글로벌 학생 참여 가능. 우주비행사 피트 콘래드(Pete Conrad Jr.)의 정신을 계승한 다단계 대회로, 학생 2~5명이 팀을 이루어 혁신적 아이디어를 발표. 우승자는 현실 적용이 가능한 솔루션을 개발하고 Innovation Summit에서 발표.
ExploraVision Science Competition	K-12 미국 또는 캐나다에 있는 학생들 대상. 현재 과학기술을 기반으로 10년 이상 미래에 실현 가능한 미래 기술 아이디어를 구상하고 개발 프로세스를 설계하는 대회.

GENIUS Olympiad	33개 미국 주+64개국에서 2024년도 약 1,000명 학생 참가. Rochester Institute of Technology(RIT)에서 개최되며, Terra Science & Education(비영리 재단)이 주관하는 국제 고등학생 환경·지속가능성 프로젝트 경진대회.
Google Science Fair	전 세계 13~18세 학생. 온라인 제출: 영어 또는 일부 유럽 언어(독일어 등)로 과학 연구 프로젝트 제안서 제출. 심사 기준: 연구 질문, 가설 설정, 실험 설계, 데이터, 관찰 및 결론, 발표력 등을 종합 평가.
International Biology Olympiad(IBO)	각국의 National Biology Olympiad(NBO)에서 상위 4명 선발, 여기에 2인의 팀 리더가 동반. 〈한국 내 학생들〉 한국생물올림피아드(Korea Biology Olympiad, KBO)가 주관하며, 3단계 선발 시험(이론 2회+실험 포함)을 통해 최종 4명을 선발되어 출전 기회 얻음.

International Chemistry Olympiad(IChO)	1968년 유럽 3개국 팀으로 시작되어 현재는 90개국 이상이 참여, 각국은 2명의 팀 리더와 최대 4명의 대표팀을 자국 대회를 통해 선발하며, IChO 본선은 5시간의 실험 시험과 5시간의 이론 시험으로 구성. 개인 및 단체 시상이 이루어짐. 〈한국 내 학생들〉 한국 대표 선발: 한국화학올림피아드(KChO, 한국화학회 주관)를 통해 선발된 상위 4명이 IChO 참가 자격을 얻음.
Junior Science and Humanities Symposium(JSHS)	미국 내 고등학교 학생들만 참가(한국인 학생은 지역대회까지). 청소년 과학 인문 심포지엄; 미 육군, 해군, 공군이 후원 하는 프로그램으로, 고등학생들이 STEM 연구를 수행하고 발표하는 대회. 지역 대회에서 우승한 학생들은 전국 대회에 진출하고, 장학금을 수상.
Lexus Eco Challenge	미국 내 영주권 이상 학생만. Lexus와 Scholastic이 공동 주최하는 미국 기반 환경·STEM 팀 프로젝트 경연. 중학생 8팀, 고등학생 8팀 등 총 16개 우승팀이 선정되며, 최종 결선에서는 대상 우승자가 선발.

Microsoft Imagine Cup Junior	18세 이상 글로벌 학생 참가 가능. 마이크로소프트 이매진컵 주니어; 2020년에 시작된 이 고등학생 대상 기술·혁신 대회는 AI, AR/VR, 머신러닝 등 첨단 기술을 통해 사회문제를 해결하는 아이디어를 경쟁.
Ocean Awareness Contest	전 세계 11~18세. 시각예술(수작업/디지털), 창작 글쓰기, 영화, 인터랙티브·멀티미디어, 음악·무용, 시·스포큰 워드 등 총 7개 유형. 참가자는 예술, 연구, 에세이를 통해 해양 보호 메시지를 전달.
Regeneron ISEF – International Science&Engineering Fair	전 세계 고등학생 9~12학년. 매년 약 1,600명 이상의 학생이 약 75개국에서 지역/주/국가 과학전람회를 거쳐 선발. Tip: 소속 학교 및 지역의 ISEF-affiliated science fair 현황 확인, 연구 주제 선정: 명확한 과학적 문제, 연구 방법, 데이터 분석 및 검증 필요.

Regeneron Science Talent Search	미국 내 12학년 학생(한국인 가능). 고등학생이 독창적인 연구 결과를 발표. 300명의 세미파이널리스트 중 40명이 본선에 진출해 워싱턴 D.C.에서 경쟁. Top 300부터 Finalist까지 국내외 인터뷰 및 네트워킹 기회 제공. (12학년 1월에 Top300을 발표하기에 대학 입시용에는 어려움).
Science Olympiad	미국 9~12학년(외국인 F1학생 가능). 연간 약 7,800개 이상의 중·고교 팀이 전국 규모로 참여 팀 단위로 실험, 문제 해결, 작동 장치 제작, 서술형 문제 풀이 등을 수행. 지역 → 주 → 전국 단계를 거쳐 전국 본선에 도전할 수 있다.
Young Naturalist Awards(American Museum of Natural History)	7~12학년(미국 내 한국인 학생 가능). 미국 뉴욕 자연사박물관(AMNH)이 주최하는 7~12학년 학생 대상 자연 과학 연구 공모전. 생물학, 지구과학, 천문학, 생태학 등 자연환경을 주제로 독립적 연구 수행 결과를 에세이로 제출(500-3,500단어 에세이+사진/도표).

학생 후기

학생 이름 또는 닉네임	Db
국제학교	Branksome Hall Asia
재학했던 학년	Class of 2025
목표 전공	아직 없음

1. 학교 생활

1) 국제학교를 선택한 이유는 무엇이었나요?

어릴 때 유학을 다녀온 경험이 있어서 한국의 일반 교육과정에는 익숙하지 않았습니다. 자연스럽게 국제학교에 관심을 가지게 되었고, 그중에서도 브랭섬홀 아시아는 뛰어난 시설과 학습 환경이 인상적이었습니다. 특히 IB 커리큘럼을 통해 시험 점수로만 평가받지 않고, 다양한 방법으로 배움이 이루어진다는 점이 마음에 들어 이 학교를 선택했습니다.

2) 입학 전과 후, 가장 크게 달라진 점은 무엇인가요?

입학 전에는 공부를 단순히 '시험 점수'로만 평가된다고 생각했습니다. 하지만 브랭섬홀에서 공부하면서 진정한 배움의 의미를 새롭게 깨달았습니다. 정답을 맞히는 것보다, *왜 그렇게 생각했는지*를 스스로 설명하는 능력이 더 중요하다는 것을 배웠습니다. 그룹 프로젝트와 에세이 과제가 많아 발표력과 사고력이 크게 향상되었고, 이전보다 훨씬 적극적으로 수업에 참여하게 되었습니다.

3) 학교에서 가장 좋아하는 수업 또는 프로그램은 무엇인가요?

가장 좋아하는 수업은 화학입니다. 새로운 개념을 배울 때마다 실험을 통해 직접 확인할 수 있어서 항상 흥미로웠어요. 교과서로만 배우는 것이 아니라 눈앞에서 일어나는 반응을 보며 과학의 원리를 이해하는 과정이 재미있었고, 덕분에 과학에 대한 흥미가 더욱 커졌습니다.

4) 힘들었던 점이나 적응 과정에서 느낀 어려움이 있다면?

가장 힘들었던 부분은 IB 커리큘럼에 적응하는 것이었습니다. 이전에는 문제 풀이 중심의 학습 방식에 익숙했기 때문에, 과제와 프로젝트 중심의 수업이 낯설게 느껴졌습니다. 하지만 스스로 공부 계획을 세우는 과정에 익숙해지면서 점차 적응할 수 있었고, 이 경험이 제 *자기주도적 학습* 능력을 키워 준 계기가 되었다고 생각합니다.

2. 학업과 진로

1) 어떤 과목이 본인 진로에 가장 도움이 되었나요?

진로와 관련된 과목을 HL(High Level)로 선택할 수 있었던 것이 큰 도움이 되었습니다. HL 수업은 심화 개념과 응용 중심으로 진행되기 때문에 대학 수준의 학문적 접근을 경험할 수 있었고, 리서치 중심 수업 방식 덕분에 대학 진학 준비에 실질적인 도움이 되었습니다.

2) 학교를 다니는 동안 학원 또는 과외를 받았나요?

네. 수학 과외를 주 2회, 한 번에 2시간씩 받았습니다. 과외를 통해 학교 수업 내용을 복습하고 개념을 더 깊이 이해할 수 있었으며, 덕분에 수업을 훨씬 잘 따라갈 수 있었습니다.

3) 학교 내 활동(봉사, 리서치, 동아리 등) 중 가장 의미 있었던 경험은 무엇인가요?

가장 의미 있었던 활동은 아트 동아리였습니다. 제 진로는 이과 계열이지만, 이 활동을 통해 평소 접하기 어려운 예술 분야를 경험할 수 있었습니다. 페인팅이나 카드보드 조형물 제작 등 다양한 프로젝트를 하며 창의적으로 표현하는 즐거움을 느꼈고, 비록 전공과 직접적인 관련은 없지만 새로운 아이디어를 시도하는 경험이 흥미로웠습니다.

3. 생각과 조언

1) 국제학교를 고민하는 후배나 학부모에게 한마디 해준다면?

국제학교는 단순히 영어로 공부하는 곳이 아닙니다. *배우는 방식 자체가 다릅니다.* 처음에는 낯설고 어려울 수 있지만, 그 과정을 통해 스스로 생각하고 표현하는 힘을 키울 수 있습니다. 그래서 완벽히 준비된 상태로 가야 한다는 부담보다는, 새로운 환경을 배우고 즐기겠다는 마음으로 도전해 보라고 말해 주고 싶습니다.

2) 국제학교 생활을 한 단어로 표현한다면?
'자유.'
<u>스스로</u> 선택하고 배우는 자유, 그게 이 학교 생활을 가장 잘 설명하는 단어입니다.

학생 이름 또는 닉네임	윌리엄
국제학교	Chadwick International
재학했던 학년	Class of 2026
목표 전공	스포츠심리학

1. 국제학교를 선택한 이유는 무엇이었나요?

제가 국제학교를 선택한 이유는 일반적인 한국 학교보다 훨씬 다양한 기회와 경험을 제공할 것이라고 믿었기 때문입니다. 저는 12년 동안 채드윅 인터내셔널 스쿨에 재학하며, 이 결정이 제 신체적·정신적 성장을 모두 이끌었다고 확신합니다.

제가 국제학교를 선택한 가장 큰 이유 중 하나는 여러 문화가 자연스럽게 어우러지는 독특한 환경이었습니다. 한국에 위치한 국제학교에 다니면서 저는 한국 문화와 미국 문화를 동시에 경험할 수 있었고, 이러한 문화적 융합은 제게 세계적인 사고방식을 심어 주었습니다. 덕분에 다양한 관점을 이해하고 존중하는 능력을 키울 수 있었습니다. 일반적인 한국 학교가 한국적 가치와 전통 중심으로 운영된다면, 국제학교는 학생들에게 다양성을 받아들이고 개방적인 태도를 지닌 다문화적 인재로 성장할 수 있도록 장려합니다.

또한 국제학교는 학문, 체육, 인성의 균형을 중요하게 생각한다는 점에서 큰 매력을 느꼈습니다. 채드윅에서는 축구, 농구, 육상, 수영, 배구 등 다양한 스포츠 활동이 제공되며, 이를 통해 학생들은 학업뿐 아니라 신체적으로도 건강하게 성장할 수 있습니다.

더불어 국제학교의 교육 환경은 자신감과 소통 능력을 기를 수 있는 곳이었습니다. 발표, 토론, 협업의 기회가 많아 자연스럽게 사람들 앞에서 자신의 생각을 명확하게 표현하는 법을 배웠고, 영어로 진행되는 수업을 통해 다양한 국적의 친구들과 교사들과 자유롭게 소통할 수 있었습니다.

결국 제가 국제학교를 선택한 이유는 다재다능하고 세계적인 사고방식을 지닌 균형 잡힌 사람으로 성장하고 싶었기 때문입니다. 돌이켜보면, 이 선택은 단순한 학문적 지식을 넘어 문화적 이해력과 사회적 자신감을 함께 기를 수 있었던 소중한 발판이었다고 생각합니다.

2. 입학 전과 후, 가장 크게 달라진 점은 무엇인가요?

국제학교에 입학하기 전의 저는 자신감이 부족하고 다소 소극적인 성격을 가지고 있었습니다. 사람들 앞에 나서는 것을 어려워했고, 새로운 환경에서도 주로 조용히 뒤로 물러서는 편이었습니다. 예를 들어, 예전의 저라면 사람이 많은 엘리베이터에서는 자연스럽게 구석 자리를 찾아 서 있었을 것입니다.

그러나 지금의 저는 오히려 가운데에 서는 것이 자연스럽게 느껴질 정도로 자신감이 생겼습니다. 이러한 변화는 국제학교에서의 다양한 경험 덕분이라고 생각합니다. 여러 스포츠 활동을 즐기며 신체적으로 건강해졌고, 꾸준히 헬스와 자기관리를 이어 가면서 스스로에 대한 긍정적인 인식도 커졌습니다.

또한 국제학교의 개방적이고 활발한 분위기 속에서 다양한 국적과 배경을 가진 친구들과 어울리며 사교적인 성격으로 성장할 수 있었습니다. 팀 프로젝트, 토론, 발표 등의 기회를 통해 점점 더 외향적이고 적극적인 사람으로 변화했습니다.

결국, 국제학교 생활을 통해 저는 단순히 자신감을 얻은 것을 넘어, 다양한 사람들과의 관계 속에서 배우고 성장할 줄 아는 사람으로 변화할 수 있었습니다. 이 변화는 제 인생에서 가장 큰 성장의 계기였다고 생각합니다.

3. 학교에서 가장 좋아하는 수업 또는 프로그램은 무엇인가요?

제가 학교에서 가장 좋아하는 수업은 IBDP Korean Language & Literature SL 수업입니다. 이 수업은 토론이나 소크라틱 세미나(Socratic Seminar) 등 다양한 방식으로 진행되며, 제 생각을 자유롭고 활발하게 표현할 수 있다는 점이 큰 매력입니다.

정답이 정해져 있지 않기 때문에, 같은 작품을 읽더라도 학생마다 서로 다른 해석과 관점을 공유하는 과정이 매우 흥미롭습니다. 또한 한국인으로서 편하게 참여할 수 있는 수업이기에, 선생님과 자연스럽게 한국어로 대화하고 장난도 주고받으며 즐겁게 배울 수 있었습니다.

이러한 분위기 덕분에 학문적인 부분뿐만 아니라 인간

적인 교감도 느낄 수 있었고, 수업 몰입도 역시 높아졌습니다. 결국 이 수업은 단순한 언어 학습을 넘어 사고력과 표현력을 키우며 즐겁게 소통할 수 있는 의미 있는 시간이 되었습니다.

4. 힘들었던 점이나 적응 과정에서 느낀 어려움이 있다면 알려주세요.

저는 수업보다는 학교생활 전반에서의 적응이 조금 어려웠습니다. 어릴 때부터 축구를 좋아했기에 국제학교에서도 자연스럽게 축구 활동에 참여했지만, 그 과정에서 의외의 어려움을 겪었습니다.

축구는 외국인 학생들에게도 인기가 많은 스포츠이기 때문에 다양한 국적의 친구들이 함께 훈련했는데, 초반에는 언어적·문화적 차이로 인해 원활하게 소통하지 못했습니다. 그로 인해 팀 내에서 어색함을 느끼거나 자연스럽게 어울리지 못한 적도 있었습니다.

특히 외국인 학생들끼리 이미 관계가 형성되어 있는 경우가 많아 처음에는 소외감을 느끼기도 했습니다. 하지만 이 경험은 제게 큰 배움의 계기가 되었습니다.

저는 점점 더 적극적으로 다가가고, 문화적 차이를 이해하려 노력했습니다. 시간이 지나면서 자연스럽게 친구들과 어울릴 수 있게 되었고, 이 과정을 통해 한층 더 열린 사고방식과 자신감을 가지게 되었습니다.

5. 어떤 과목이 본인 진로에 가장 도움이 되었나요?

저는 현재 스포츠 심리학(Sports Psychology)을 전공하고자 합니다. 의외로 들릴 수 있지만, 제 진로 선택에 가장 큰 영향을 준 과목은 수학입니다.

어릴 때부터 수학이 어렵게 느껴졌고, 지금도 이해하기 쉽지 않지만, 오랜 시간 수학을 배우며 저는 '이 과목은 내가 잘할 수 있는 분야가 아니다.'라는 사실을 깨달았습니다. 아이러니하게도 이 경험이 오히려 제 진로를 구체화하는 데 큰 도움이 되었습니다.

수학적 계산보다 인간의 감정과 사고를 탐구하는 분야인 심리학, 특히 스포츠 심리학에 흥미를 가지게 된 것입니다. 즉, 수학을 통해 자신의 강점과 한계를 인식하면서 스스로에게 맞는 방향을 찾아갈 수 있었습니다.

  결국 수학은 단순한 학문이 아니라, 제 자신을 이해하고 진로를 결정하는 데 중요한 역할을 한 과목이라고 생각합니다.

6. 학교를 다니는 동안 학원 또는 과외를 받았나요?

  학교에 다니는 동안 저는 매년 약 3~4과목 정도를 방과 후 온라인 과외로 수강했습니다. 과외의 목적은 학교 과제 보충뿐만 아니라 SAT 등 주요 시험 준비도 포함되었습니다.

  과외 횟수와 시간은 시기에 따라 달랐지만, 대체로 주 3~4회 정도 저녁 8시 이후에 진행했습니다. 이러한 과외 경험은 학업의 부족한 부분을 보완하고, 스스로 학습 계획을 세우는 습관을 기르는 데 큰 도움이 되었습니다.

  시험 준비와 과제 수행을 병행하면서 시간 관리 능력과 자기주도 학습 능력 또한 향상시킬 수 있었습니다.

7. 학교 내 과외 활동 중 가장 의미 있었던 경험은 무엇인가요?

가장 의미 있었던 경험은 CI Medical Society Club에서 리더로 활동한 것입니다. 저는 이 동아리에서 바자회를 기획하고 운영하며 직접 모금한 금액을 서울의 병원에 기부했습니다.

이 과정에서 단순히 봉사활동을 하는 것을 넘어, 기획과 운영, 팀원 관리 등 다양한 역량을 직접 경험할 수 있었습니다. 또한 다른 학생들과 협력하며 문제를 해결하고 목표를 달성하는 과정에서 리더십과 책임감을 깊이 배웠습니다.

이 경험은 사회에 긍정적인 영향을 미치는 방법을 배우고, 실질적인 변화를 만들어내는 과정의 중요성을 깨닫게 해준 뜻깊은 시간이었습니다.

8. '국제학교를 고민하는 후배나 학부모에게' 한마디 한다면?

한국의 전통적인 교육 방식이 답답하게 느껴지고, 자녀

가 글로벌 인재로 성장하길 원한다면 저는 국제학교를 적극 추천합니다.

국제학교에서는 학업뿐 아니라 다양한 활동과 경험을 통해 자녀의 잠재력을 폭넓게 발휘할 수 있습니다. 특히 자녀가 자유로운 성향이거나 학업 외 분야에서 재능을 보인다면, 국제학교는 그 재능을 발견하고 발전시킬 수 있는 훌륭한 환경입니다.

다양한 경험을 통해 학생은 자신이 무엇에 흥미를 느끼고 잘할 수 있는지를 깨닫게 되며, 학업과 관심사를 균형 있게 발전시킬 수 있습니다.

결국 국제학교는 단순히 학점을 쌓는 곳이 아니라, 스스로 탐구하고 성장하며 글로벌 사회에서 필요한 역량과 자신감을 키우는 공간이라고 생각합니다.

9. 국제학교 생활을 한 단어로 표현한다면?

'자유'

국제학교 생활을 한 단어로 표현한다면 저는 '자유'라고 말하고 싶습니다. 학업 외에도 스포츠, 예술 등 다양한 분야에서 학생이 스스로 선택해 참여할 수 있는 프로그램이 마련되어 있기 때문입니다.

 이러한 환경은 학생이 자신의 꿈과 관심사를 탐색하고, 스스로 배우며 성장할 수 있는 기회를 제공합니다. 결국 국제학교는 단순히 지식을 배우는 곳이 아니라, 학생이 자유롭게 선택하고 경험하며 자신만의 길을 만들어 갈 수 있는 공간이라고 생각합니다.